"读原著·学原文·悟原理"丛书

DUYUANZHU XUEYUANWEN WUYUANLI

# 《关于费尔巴哈的提纲》这样学

孙熙国 张梧 | 主编

姚景谦 | 著

中国出版集团
研究出版社

**图书在版编目(CIP)数据**

《关于费尔巴哈的提纲》这样学 / 姚景谦著. -- 北京：研究出版社, 2022.4
ISBN 978-7-5199-1228-4

Ⅰ.①关… Ⅱ.①姚… Ⅲ.①《关于费尔巴哈的提纲》—马克思著作研究 Ⅳ.①A811.21

中国版本图书馆CIP数据核字(2022)第049721号

出 品 人：陈建军
出版统筹：丁 波
责任编辑：朱唯唯 范存刚

# 《关于费尔巴哈的提纲》这样学
GUANYU FEIERBAHA DE TIGANG ZHEYANGXUE
姚景谦 著
研究出版社 出版发行
（100006 北京市东城区灯市口大街100号华腾商务楼）
北京中科印刷有限公司印刷 新华书店经销
2022年4月第1版 2024年4月第5次印刷
开本：787毫米×1092毫米 1/32 印张：4.25
字数：56千字
ISBN 978-7-5199-1228-4 定价：32.00元
电话（010）64217619 64217652（发行部）

版权所有·侵权必究
凡购买本社图书，如有印制质量问题，我社负责调换。

# "读原著·学原文·悟原理"
# 丛书编委会

**编委会主任：**

孙熙国　孙蚌珠　孙代尧　张　梧

**编委（以姓氏笔画为序）：**

王　蔚　王继华　田　曦　任　远

孙代尧　孙蚌珠　孙熙国　朱　红

朱正平　吴　波　李　洁　何　娟

汪　越　张　梧　张　晶　张　懿

余志利　张艳萍　易佳乐　房静雅

金德楠　侯春兰　姚景谦　梅沙白

曹金龙　韩致宁

## 编委会主任

**孙熙国**，北京大学马克思主义学院教授、博导，北京大学习近平新时代中国特色社会主义思想研究院常务副院长，北京大学学位委员会马克思主义理论学科分会主席，国家"万人计划"教学名师，中央马克思主义理论研究和建设工程课题组首席专家，国务院学位委员会马克思主义理论学科评议组成员，教育部马克思主义理论类专业教学指导委员会副主任委员。兼任国际易学联合会会长，中国历史唯物主义学会副会长，北京市高教学会马克思主义原理研究会会长。

在《哲学研究》等刊物发表学术论文百余篇，著有《先秦哲学的意蕴》《马克思主义基本原理前沿问题研究》（第一作者）等，主编高校哲学专业统一使用重点教材《中国哲学史》，主编全国高中生统用教科书《思想政治·生活与哲学》《思想政治·哲学与文化》，获首届全国优秀教材一等奖。主持"马藏早期文献与马克思主义在中国的早期传播""马克思主义基本原理的学科对象与理论体系"等国家哲学社会科学重大项目和重点项目。

**孙蚌珠**,经济学博士,教授。现任北京大学马克思主义学院党委书记、习近平新时代中国特色社会主义研究院副院长。教育部高等学校思想政治理论课教学指导委员会委员总教指委主任委员、"形势与政策"和"当代世界经济和政治"分指导委员会主任委员。马克思主义研究和建设工程首席专家,国家义务教育教科书"道德与法治"编委会主任,国家统编高中思想政治教材《经济与社会》主编、国家中等职业学校思想政治教材编委会主任。中国政治经济学学会副会长、中国《资本论》研究会副会长。主要从事政治经济学、中国特色社会主义经济理论与实践研究,获得过北京市科学技术进步二等奖,是全国首届百名优秀"两课"教师、全国思想政治理论课影响力标兵人物、北京市高等学校教师名师、国家"万人计划"教学名师、享受国务院政府特殊津贴专家。

**孙代尧**,北京大学法学学士、硕士和博士。现任北京大学博雅特聘教授、社会科学学部学术委员和马克思主义学院学术委员会主任，《北京大学学报（哲学社会科学版）》主编。曾任马克思主义学院副院长、学位委员会主席、教育部高校思政课教学指导委员会委员。

先后入选国务院政府特殊津贴专家、中宣部全国文化名家暨"四个一批"人才、国家"万人计划"第一批哲学社会科学领军人才；担任中央马克思主义理论研究和建设工程专家、中国科学社会主义学会副会长等。

主要从事马克思主义理论、社会主义历史和理论等领域的教学和研究。担任教育部哲学社会科学研究重大课题攻关项目、国家社科基金重大项目首席专家。科研成果曾获北京市哲学社会科学优秀成果一等奖等多个奖项。

**张梧**，哲学博士。现为北京大学哲学系助理教授、研究员、博士生导师，中国人学学会秘书长、北京大学中国特色社会主义理论体系研究中心研究员、济宁干部政德学院"尼山学者"。主要研究方向是马克思主义哲学史、社会发展理论等。曾著有《马克思恩格斯〈德意志意识形态〉研究读本》《社会发展的全球审视》等学术专著，在《哲学研究》等核心期刊发表论文30余篇。

# 代序

## 马克思主义可以这样学

马克思主义应该怎样？马克思主义经典著作应该怎样读？北京大学马克思主义学院以博士生的"马克思主义经典著作研读"课为抓手，进行了积极的探索，走出了一条"读原著、学原文、悟原理"的新路子，逐步形成了马克思主义理论专业人才培养的"北大模式"。

北京大学具有学习、研究和传播马克思主义的光荣传统。北京大学是中国马克思主义的发祥地，是中国共产党最早的活动基地，是中国马克思主义理论教育的诞生地。1920年，李大钊在北大开设了"唯物史观""工人的国际运动与社会主义的将来""社会主义与社会运动"等马克思主义理论课程和专题讲座，带领学生阅读马克思主义经典著作，公开讲授和宣传马克思主义。李大钊在北大所做的这些工作，与拉布里奥拉在意大利罗马大学、布哈林在苏俄红色教授学院、河上肇在日本京都帝国大学进行的马克思主义理论教学和研究工作,共同开启了马克思主义理论进入高校课堂的先河。

一百多年过去了,一代代的北大人始终把学习研究和宣传马克思主义作为自己的崇高使命,始终把马克思主义经典著作的学习研读作为教育教学的一项重要内容。2014年5月4日,习近平在北京大学师生座谈会上的讲话中指出,北京大学是新文化运动的中心和五四运动的策源地,是这段光荣历史的见证者。长期以来,北京大学广大师生始终与祖国和人民共命运、与时代和社会同前进,在各条战线上为我国革命、建设、改革事业作出了重要贡献。2018年5月2日,习近平总书记在北京大学考察时指出,北京大学是中国最早传播和研究马克思主义的地方。中国共产党的主要创始人和一些早期著名活动家,正是在北大工作或学习期间开始阅读马克思主义著作、传播马克思主义的,并推动了中国共产党的建立。这是北大的骄傲,也是北大的光荣。由此我们可以看到,北大具有学习研究和传播马克思主义的光荣传统,具有与祖国和人民共命运、与时代和社会同前进的光荣传统,具有爱国、进步、民主、科学的光荣传统。因此，如果要讲北大传统，首先就是马克思主义的传统；如果要讲北大精神，首先就是马克思主义的精神。北大学习研究和传播马克思主义的精神和传统始终与马克思主义经典著作的研读和学习紧紧结合在一起。

2018年5月2日，习近平总书记视察北大马克思主义学院时指出："高校马克思主义学院就是要坚持'马院姓马，在马言马'的鲜明导向和办学原则，为巩固马克思主义在意识形态领域的指导地位，推动马克思主义进校园、进课堂、进学生头脑，发挥应有作用。"在习近平总书记重要讲话精神的指导下，北京大学马克思主义学院逐步确立了以"埋首经典，关注现实"为基本理念、以马克思主义经典文献学习研读为重要内容的马克思主义卓越人才培养的"北大模式"。其中加强和完善"马克思主义经典著作研读"课程，并对研究生、特别是博士研究生进行马克思主义经典著作的中期考核成为北大博士生培养的一个重要环节。

北京大学马克思主义学院的学生究竟怎样学习马克思主义基本原理？怎样阅读马克思主义经典著作呢？

习近平总书记指出："学习理论最有效的办法是

读原著、学原文、悟原理。"要学好马克思主义理论，就必须要读马克思主义经典作家的原著，学马克思主义经典作家的原文，悟马克思主义基本原理。一句话，就是必须要学好马克思主义经典著作。"马克思主义经典著作"这门课一直是我国高校马克思主义学院研究生的核心课程。北大给硕士生开设的马克思主义经典著作课叫"马克思主义经典著作导读"，给博士生开设的马克思主义经典著作课叫"马克思主义经典著作研读"。我负责博士生的"马克思主义经典著作研读"课始自2010年秋季。一开始是我一个人讲，后来孙蚌珠、孙代尧老师加入进来，再后来马克思主义基本原理所、马克思主义发展史所的老师们也陆续加入到了本课程的教学和研究工作中。博士生的"马克思主义经典著作研读"课程的学习时间是一年，学习阅读的文本有30多篇。北大学习研读经典文本的基本方式是在学习某一文本之前，先由学生来做文献综述，通过文献综述把这一文本的文献概况、主要内容、学界争论的焦点问题、学者研究的基本方法和形成的基本范式梳理概括出来。呈现给读者的这套《读原著、学原文、悟原理》丛书，就是北京大学马克思主义学院2016级博士生在"马克思主义经典著作研读"课程学习过程中，在授课老师指导下围绕所学的马克思恩格斯经典文本完成的成果结集。授课教师从2016级博士生的研读成果中精选出了优秀的研究成果，经反复修改完善，以"读原著、学原文、悟原理"作为丛书书名出版。

本丛书收录了从马克思高中毕业撰写的三篇作文到恩格斯晚年撰写的《路德维希·费尔巴哈和德国古典哲学的终结》等代表性著述20余篇。这20篇著作是北京大学马克思主义学院马克思主义理论一级学科各专业和政治经济学、科学社会主义与国际共产主义运动专业博士生必修课"马克思主义经典著作研读"的必学书目。丛书作者对这20余篇著作的研究状况和研究内容的梳理、概括和总结，基本上反映了北大"马克思主义经典著作研读"课程的主要内容，展现了北大马克思主义学院博士生学习研读马克思主义经典著作的基本情况，是北大博士生阅读马克思主义经典文本、学习马克思主义基本原理的一个缩影。在某种意义上说，这些成果体现了北大马克思主义学院博士生学习马克思主义经典著作的基本方式。因此，我们可以自豪地说，马克思主义经典文本可以"这样读"，马克思主义基本原理可以"这样学"。

本书对马克思恩格斯每一时期文本的介绍和阐释主要是围绕以下四个方面的内容展开的。一是对马克思恩格斯这一文本的写作、出版和传播等主要情况的介绍和说明,二是对这一文本的主要内容的介绍和提炼,三是对国内外学者关于这一文本研究的基本方法、形成的基本范式和切入点的概括总结,四是对国内外学者在这一文本研究过程中所涉及到的一些具有争议性的问题或焦点问题的梳理和辨析。在每一章的后面,作者又较为详细地列出了该文本研究的主要参考文献,也就是关于每一个文本的代表性研究成果。本书力图从以上四个方面入手,尽可能客观全面地展示国内外学者关于马克思恩格斯这些经典文本的研究状况、研究结论和研究方法,以期对马克思主义学院师生学习、研读马克思主义经典著作提供参考和借鉴。

马克思主义理论是我们做好一切工作的看家本领,也是领导干部必须普遍掌握的工作制胜的看家本领。我们期望这套20本的"读原著、学原文、悟原理"丛书能够在这方面给大家提供一些积极的启示和有益的帮助。

孙熙国

2022.2

# 目 录 CONTENTS

一、文献写作概况　　001

二、文献内容概要　　002

三、研究范式　　005

四、焦点问题　　016

## 一、文献写作概况

《关于费尔巴哈的提纲》(本篇简称《提纲》)是马克思1845年于布鲁塞尔写下的笔记,写在1844—1847年的笔记本中,标题为"1.关于费尔巴哈",马克思生前并未发表。1888年,恩格斯出版《路德维希·费尔巴哈和德国古典哲学的终结》(本篇简称《终结》)一书时将其作为附录首次发表,并进行了一些文字上的修改,标题为"马克思论费尔巴哈"。恩格斯在《终结》一书的序言中说:"我在马克思的一本旧笔记中找到了十一条关于费尔巴哈的提纲,现在作为本书附录刊印出来。这是匆匆写成的供以后研究用的笔记,根本没有打算付印。但是它作为包含着新世界观的天才萌芽的第一个文献,是非常宝贵的。"[①]后来,在出版俄文版和德文版《马克思恩格斯全集》时就根据恩格斯在序言中

---

① 《马克思恩格斯文集》第4卷,人民出版社2009年版,第266页。

的提法，将这一笔记称为《关于费尔巴哈的提纲》。

《提纲》的中文译本最早发表在1929年上海沪滨书局出版的林超真翻译的《宗教·哲学·社会主义》一书中，此后出版的《路德维希·费尔巴哈和德国古典哲学的终结》多个译本中均收录有《提纲》的文本。

《提纲》写于1845年，在马克思的著作中位于《神圣家族》与《德意志意识形态》（本篇简称《形态》）之间。在此前的《1844年经济学哲学手稿》（本篇简称《手稿》）中马克思批判了黑格尔，接下来的《家族》中又批判了青年黑格尔派。在清算了唯心主义阵营之后，马克思将批判的目标转向旧唯物主义，首当其冲的就是此前对马克思产生过巨大影响的费尔巴哈。对费尔巴哈的批判，是马克思建立新唯物主义所必须要经历的阶段。随着对费尔巴哈旧唯物主义的推倒，一种全新的唯物主义初见雏形，一场哲学革命正在酝酿，而处于这场哲学革命前夜的正是这短短十一条关于费尔巴哈的提纲。

## 二、文献内容概要

《提纲》虽然只有短短十一条，译成中文也只有千字而已，但其思想之丰富、地位之特殊，自其公开之日起的130多年来一直是国内外学者们研究的焦点。在这短短的十一条中，马克思清算了以费尔巴哈为代表的旧哲学，创立了以实践观为核心，包含人本质理论、思维真理性理论、人与环境理论的新唯物主义。

在这十一条提纲中，马克思通过批判费尔巴哈，提出了自己的新哲学。其中，第一条就是马克思新唯物主义的出场宣言，既一针见血地指出了旧唯物主义、唯心主义的缺陷，又亮明了新唯物主义的核心——实践。而之后的十条提纲全都围绕实践展开，分别从实践的主体、实践的场所、实践的方式这几个层面搭建起了马克思新哲学的基本框架。但是，需要注意的是，由于这十一条只是马克思"匆匆写成"的研究笔记，所以具有极度简略的特征，思想具有一定跳跃性与留白性，故而给学者们留下了广阔的空间去解读、去阐释。而恩格斯的几句介绍也成了后人研究《提纲》的起点。

在恩格斯的论述中，尤为需要注意的有两点：一是《提纲》的笔记属性，二是新世界观的"萌芽"。考察《提纲》的文本，要建立在笔记的基础上来进行。在笔者看来，笔记与文章主要有三大区别：逻辑性的严密与否、解释的展开与否以及表达的晓畅与否。回归《提纲》，可以发现马克思的思维是跳跃式的，而文本内在的逻辑也是片段性的。《提纲》作为笔记，记载了马克思研究中产生的灵感与观点，多数情况下没有得到解释与论证。同时，马克思在"匆匆写成"的文字里并没有对遣词造句进行斟酌，而是将思维直接倾泻于笔尖，所以其表达是抽象与凝练的。其结果，一方面为后人研究留下了广阔的理论空间，一方面也使得文本本身更加难解。就如同周嘉昕所指出的，《提纲》本身具有三重特殊性：其一是具有文本写作的特殊性，即马克思笔记本中留下的十一条格言，概念术语带有同时代人相互影响的强烈痕迹；其二是具有理论逻辑的特殊性，即《提纲》处于马克思思想发展的转型期，被恩格斯称作"包含着新世界观天才萌芽的第一个文件"；其三是具有历史流传的特殊性，即《提纲》被后世的马克思主义者用作建构特定的思想传统、阐发哲学本体论的主要的尽管是相对略显单薄的文本依据。因此，我们在阅读《提纲》的过程中，必须格外谨慎，在历史、理论和文本的结合中把握马克思主义哲学的方法论本质，进而对《提纲》的文本和逻辑本身进行阐发。①

接下来，笔者将立足《提纲》文本本身，并结合着学术界对《提纲》的研究成果来展开论述。

## 三、研究范式

要想明确学术界对《提纲》的研究情况，首先需要明确研究范式。总体来看，国内外学者对《提纲》有三种研究范式。

### 1. 苏联的研究范式

苏联的研究范式大致可以分为三种。

第一种研究范式是教科书范式。普列汉诺夫、列宁、斯大林以及传统教科书以辩证唯物主义和历史唯物主义来解读《提纲》，尤其是联共（布）党史的第四章第二节的发表，标志着教科书体系的确立。这一体系在很长的时间内影响着苏联以及中国的马克思主义研究。

第二种研究范式是唯物主义范式。第二国际时期，有别于传统教科书范式，梅林、普列汉诺夫

---

① 周嘉昕：《〈关于费尔巴哈的提纲〉：历史、理论和文本》，载《山东社会科学》2015年第7期。

等理论家站在费尔巴哈的唯物主义立场上理解《提纲》，把马克思的唯物主义基础等同于费尔巴哈的自然唯物主义，认为马克思的历史唯物主义是费尔巴哈自然唯物主义推广到社会历史领域而形成的，并从这种自然唯物主义出发来理解马克思的思想。这一研究范式缺陷比较明显，后期渐渐地走上了实证主义、修正主义的道路。

第三种研究范式是文献学范式。随着MEGA2的不断编撰，马克思的大量笔记、手稿进入研究者的视野当中，对马克思经典文本的文献学研究在西方蔚为大观。在苏联，以巴加图利亚和陶伯特为代表，他们对《提纲》进行了细致的文献学研究。巴加图利亚通过考察马克思的《1844—1847年笔记》及《形态》，认为《提纲》的写作缘由是为《形态》拟定写作提纲，时间应该是在1845年的4月初，且在4月5日之后。而陶伯特则结合《提纲》手稿上的"四行文字"认为《提纲》的写作是《神圣家族》的延续，并且与《神圣家族》所获得的反响有直接关系，是继批判法国唯物主义之后进一步与费尔巴哈划清理论界限的工作，并认为《提纲》写于1845年的7月初。这种文献学的研究范式既是对传统教科书范式的规避，也是对西方马克思主义研究范式的补充。这一范式对21世纪中国的学者产生了一定的影响。

2. 西方的研究范式

20世纪30年代西方马克思主义兴起，开始反思传统的马克思主义以及第二国际"正统的马克思主义"的研究范式，他们回归文本，尤其关注马克思的早期著作，高喊"回到马克思"，通过对马克思的文本解读来把握马克思的真正思想。这也是西方马克思主义有意识地对传统马克思主义的反叛，以及把马克思的思想重新哲学化的一种尝试。

比如，卢卡奇认为，马克思要求我们把"感性""客体""现实"理解为人的感性活动，在《历史与阶级意识》中，卢卡奇提道，"这就是说，人应当意识到自己是社会的存在物，同时是社会历史过程的主体和客体"[1]。卢卡奇通过把人的实践活动本身理解为客体，得出了主客体统一的结论。

施密特指出了马克思的"新唯物主义""新"在何处，他认为，"（新唯物主义）教导人们不要'只

---

[1] ［匈］卢卡奇：《历史与阶级意识——关于马克思主义辩证法的研究》，杜章智、任立、燕宏远译，商务印书馆1999年版，第71—72页。

是从客体的形式'去考察自然的现实性,即不要把自然作为僵死的机械的物理的物体世界去考察,同样教导人们要从主观的形式,即从实践的观点去考察,这就超过了以往的一切唯物主义"①。

对于《提纲》在马克思思想发展进程中的定位,西方学者给出了不同的结论。阿尔都塞的论述产生了很大的影响,他称《提纲》为"断裂时的著作",认为《提纲》有些难以把握,是马克思思想断裂的前奏。此外,饱受争议的美国学者悉尼·胡克对《提纲》给出了极高评价,他认为,"马克思批判费尔巴哈的提纲,在实际上代表了哲学史中的一个转折点"②。

综合来看,西方学者的研究范式强调对文本的把握,通过回归文本去阐释马克思的思想,这对于增强马克思主义的学理化有很大的提高。当时,也存在着一定程度的"误读"现象,这种"误读"很多情况下是有意而为之,马克思成为很多哲学家、

---

① [德]施密特:《马克思的自然概念》,吴仲昉译,商务印书馆1988年版,第173页。
② [美]悉尼·胡克:《对卡尔·马克思的理解》,徐崇温译,重庆出版社1989年版,第263页。

理论家阐述自己理论的桥梁，成为一种精神符号，这种现象也应该值得注意。

3. 中国的研究范式

与苏联的研究范式以及西方的研究范式相比，中国学者的研究范式更为多元化，可以说受到了苏联与西方两大研究范式的综合影响。20世纪50年代至70年代，中国的研究范式一直以苏联教科书体系为正统。一直到了70年代末，中国才兴起了"反思哲学"，重新理解马克思主义哲学。70年代末80年代初，学者们致力于文本研究，对《提纲》展开了比较全面而深入的研究。90年代之后，"人道主义"思潮兴起，学界将研究的焦点从《提纲》转移到了《手稿》。进入21世纪，随着世界范围内各种思潮在中国学术界的传播与兴起，学者们的研究视野与研究范式也更加多元化，不再将目光仅仅锁定在《提纲》的十一条文本之上，而是将其置于一个更加开放的思想史叙事之中，相应的研究成果也日渐丰硕。

而国内学者对《提纲》研究范式的差异主要集中在对马克思实践观的理解上。综合来看，对于实践观的理解主要有四种：传统教科书的解释、抽象的实践说、现实的实践说以及实践的政治经济学阐释说。

　　传统教科书范式基本是依据苏联的研究范式来定义实践内涵的，比如由黄楠森先生、庄福龄先生等著名学者所编写的马克思主义哲学史的教科书，大都是在苏联教科书范式下进行论述的。抽象的实践说将实践理解为抽象的实践，而现实的实践说则将实践理解为现实的实践，比如物质生产、革命的、改造物质世界的活动。而实践的政治经济学阐释说是国内近几年比较流行的一种研究范式，以南京大学的学者们为代表，这一范式普遍以政治经济学的角度来理解实践内涵，并且把实践的物质生产色彩看作马克思思想成熟的标志，所以这一范式普遍认为马克思的思想直到《形态》才达到成熟。当然，也有一些学者从其他范式来理解实践的内涵，比如高清海就从思维方式的角度来理解实践。他认为，对于马克思的"实践"，不能只看作仅仅用来回答认识基础、来源和真理标准等问题的一个原理，而应看作马克思主义用以理解和说明全部世界观问题、区别于以往一切观点的一种崭新的思维方式。[1]关于学术界对马克思实践观的研究会在下文详细论述,这里仅做简单概述。

此外,从其他人文社会科学的角度来解读《提纲》也是国内学界的一种常见研究范式。比如有的学者从人类学的角度来分析《提纲》,认为《提纲》使用了三个不确定的词——感性的人的活动、实践、主体方面来表达马克思确定的哲学新思想。它既通过上述三个词的互释呈现出这种哲学新思想,又通过对三个词不同方面的强调表达出人的人类学特质。在这一意义上说,人就是以人的人类学特质来理解对象、现实、感性,即人的周围世界的。因而,马克思是在这种人类学特质的根基上,构建了他的人类学唯物主义、人类学世界观、人类学活动论、人类学实践论、人类学辩证法等,并据此提出了改变世界的哲学要求。这些都充分表明《提纲》所具有的人类学哲学特质。[2]这种视角比较具有启发意义。

---

[1] 高清海:《论实践观点作为思维方式的意义——哲学探进断想之二》,载《社会科学战线》1988年第1期。

[2] 苗启明:《从人类学哲学视域对马克思〈关于费尔巴哈的提纲〉的新理解》,载《思想战线》2018年第6期。

此外，近些年来除了对《提纲》的文本解读之外，国内学界对于《提纲》的文献学研究也悄然兴起，许多研究视域开始进入中国学界的视野。针对西方学者的文献学分析，国内学者纷纷给出了或赞同，或批判的声音。聂锦芳支持陶伯特的观点，认为《提纲》不是《形态》的思想提纲，而仅仅是《神圣家族》中的唯物主义思想的延续。[1] 陶伯特提出，《提纲》的写作很可能是马克思对《维干德季刊》第2期上涉及《神圣家族》的评论文章回应的结果，因此《提纲》的写作与马克思以前所著《神圣家族》具有相关性。聂锦芳对陶伯特的解读思路和最终结论表示了支持，同样认为，《提纲》第一条第53页的"四行文字"是解读《提纲》的重要线索。[2] 依据此线索，可以考证得出，《提纲》写作的契机并不是为写作《形态》做准备，理论工作和研究计划的尚未完成，以及当时围绕《神圣家族》所展开的讨论，才有可能是写作《提纲》的直接动

---

[1] 聂锦芳:《如何解读〈关于费尔巴哈的提纲〉》，载《光明日报》2005年10月。
[2] 聂锦芳:《思想的传承、决裂与重构（下）——〈德意志意识形态〉创作前史研究》，载《河北学刊》2006年第5期。

因。①鲁克俭也认同陶伯特的观点,并批判了所谓任何不同意这个结论的"马克思文本解读",都是"想象力丰富"的"大胆假设"和"过度解读"。②

要对《提纲》进行文献学研究,马克思与恩格斯的关系问题是不容忽视的。对于这一问题,在MEGA2版本问世前,学者们大多赞同"统一论",即认为马克思与恩格斯思想完全一致,即便存在差异,也都是些细枝末节的微小差异。随着MEGA2的出现,对马克思、恩格斯手稿的研究催生了西方的"马克思学",如诺曼·莱文、特雷尔·卡弗等学者。而随着近些年"马克思学"的著作陆续被译介至国内,这些强调马克思与恩格斯思想差异性的研究成果开始逐渐为国内学者所熟悉,使得国内学界对此问题产生了极大的研究兴趣,甚至出现了"马克思恩格斯思想决然对立"的观点。代表性的研究成果比如王东、郭丽兰通过细致地比较恩格斯修订稿与马克思的原稿,得出了从两份稿本的基

---

① 聂锦芳:《清理与超越——重读马克思文本的意旨、基础与方法》,北京大学出版社2005年版,第124页。
② 鲁克俭:《〈关于费尔巴哈的提纲〉的写作原因及其再评价》,载《马克思主义与现实》2008年第5期。

本概况看马克思、恩格斯在哲学观念上的根本一致的结论。[①] 再比如李锐指出，恩格斯对马克思原文的修改，主要有三种形式：技术性的加工、修正和润色；对着重标记的变更和改动；以及对整句和关键用词的修改。又指出，恩格斯的修改是绝对遵循马克思的原意的，尽管修改后的稿本在一些细节方面显示出了马恩之间微小的差异。但就其总体思想和基本精神来讲，两个稿本是完全一致、毫无出入的。这种一致指的是恩格斯丝毫没有触及和影响马克思的原意，只是为了语句和表述的明晰顺畅、易懂通俗和精确规范而做出了改动。[②] 又比如王巍也认为，通过对马恩的文本分别进行解读和分析，可以发现二者在根本思想观点和理论原则上是一致的，但也不可否认在理论的侧重点和对一些问题的认识程度上存在一定差异。应当坚持"在差异基础上的一致"的观点，并用这种观点来开展今后对"马克思—恩格斯关系"问题的文献研究、文本分

---

① 王东、郭丽兰：《〈关于费尔巴哈的提纲〉新解读——马克思原始稿与恩格斯修订稿的比较研究》，载《武汉大学学报》(人文科学版) 2007年第6期。
② 李锐：《试论恩格斯对〈关于费尔巴哈的提纲〉的修改》，载《经济研究导刊》2010年第4期。

析和思想解读。① 大体来看，国内学者对此问题普遍持一种折中的观点，认为马克思与恩格斯的思想在基本一致的基础上存在些许差异。

《提纲》的写作时间也是文献学研究中不容忽视的问题。比如梁爽认为，《提纲》的写作时间问题，不仅是单纯的文献学的问题，而且是思想史的重大问题。关于它的写作时间，恩格斯的"1845年春"这个标注是对43年前往事的描述，而没有留下更多的直接证据，因而也给后世的争论埋下伏笔。著名的巴加图利亚和陶伯特关于写作时间的争论，是基于各自对思想史的理解，而非文献学的直接证明，所以最终没有结果。事实上，《提纲》内在的、固有的文献联系证明，第三条的写作时间不早于1845年夏马克思访问曼彻斯特，第六条的写作时间不早于1845年8月，因此《提纲》主体部分的写作时间应不早于1845年8月。从马克思主义思想史定位的层面看，《提纲》显示出与《形态》之间

---

① 王巍：《"马克思—恩格斯关系"的文本学审视——以〈关于费尔巴哈的提纲〉原始稿与修改稿的比较为例》，载《贵州师范大学学报》（社会科学版）2016年第3期。

更紧密的联系。①文章通过对《提纲》写作时间的考证,进而对《提纲》在马克思主义发展史上的定位做出了判断,并且运用了大量的原始材料,具有很大的学术价值。

这些文献学的研究为我们重新认识《提纲》提供了丰富而新颖的原始材料,也提供了一种新的研究路径,是极有价值的。

## 四、焦点问题

回顾整个学术界对于马克思主义的研究,短短的十一条《提纲》却吸引了众多研究者的目光,这不仅是由于《提纲》在整个马克思主义发展史上的关键性地位,也是由于十一条文本自身的理论留白,给予了研究者广泛的研究空间。

归纳来看,学术界对于《提纲》的研究大致集中于以下八个焦点问题。

### 1.《提纲》与马克思思想连续性的关系

马克思的思想从其少年时的《中学作文》一直到其晚年的《历史笔记》,是一直不断发展变化的。

---

① 梁爽:《对〈关于费尔巴哈的提纲〉写作时间的再探讨——根据马克思原始手稿和 MEGA2 的重新考证》,载《甘肃社会科学》2017 年第 6 期。

那么,《提纲》在马克思思想发展历程中到底处于何种地位呢？学界对此有着截然不同的看法。

（1）"认识断裂说"。第一种观点是"认识断裂说"。这一类观点立足于马克思思想发展的进程，从而考察《提纲》在马克思思想发展史中的位置。这种"断裂说"旨在否定马克思早期著作中的思想，认为它们基本上是人道主义、意识形态、唯心主义，不属于马克思主义，以此制造"两个马克思"的对立。"断裂说"的提出既是对欧洲流行的社会民主主义的回应，也是对斯大林体系、苏联僵化的马克思主义的批判。此外，1932年《手稿》的出版，以及"异化""人道主义""人的本质"等概念在马克思主义研究者中的流行，都促成了"断裂说"在世界范围内的盛行。

其中最著名的莫过于阿尔都塞的评价，他将《提纲》称之为"断裂时的著作"，且将其比作闪电，很难捕捉到，难以定位。应当说，这种评价是很成问题的。虽然《提纲》的定位存在争议，但是称其为"闪电"则有些不恰当。另外，阿尔都塞的"认识论断裂说"本身就将马克思一分为二，否定了青年马克思，割裂了马克思完整的思想发展轨迹，是不准确的。

针对阿尔都塞的观点，支持与反对的声音此起彼伏，甚至一直到今天也从未停歇，这里仅举几例进行说明。有不少学者支持"断裂说"，学者欧阳谦认同阿尔都塞的观点，提出所谓的"认识论上的断裂"，就是因为出现了完全崭新的理论的"问题结构"，而陈旧过时的理论的"问题结构"自然就被唾弃了。"问题结构"概念来自雅克·马丁，没有新旧"问题结构"的交替，就不会有"认识论上的断裂"。马克思明确表示要与旧的哲学信仰决裂，并提出了实践性哲学的观点。在《提纲》与《形态》中，新的"问题结构"已经呈现出来，只是采取了论战性和否定性的形式。就如同一只正在破壳的小鸡，马克思的新思想已经冒出了一个雏形。[①]文章借用了马丁的"问题结构"概念，用以说明马克思前后不同时期的差异，而《提纲》在这里则是马克思新"问题结构"的萌芽地，是新思想的雏形。学者刘福森也认为《提纲》中的马克思还没有"成熟"，因为《提纲》中实践概念还仅仅是一个包

---

① 欧阳谦：《马克思主义的"守夜人"——阿尔都塞的理论解读》，载《教学与研究》2005年第1期。

含了主体能动性的抽象的实践概念，而成熟的马克思哲学的实践概念则是一个现实的实践概念，即社会历史的概念。由于《提纲》还没有提出新唯物主义世界观的历史的解释原则、历史的思维逻辑和历史的评价尺度，因而在关于社会和人的理解上，《提纲》也未能实现从抽象的人和抽象的社会向现实的人和现实的社会的转变。因此，我们在研究马克思哲学时不能完全以此文献为标准，特别是不能用《提纲》的观点去消解和贬低马克思在《形态》中形成的成熟的历史唯物主义观点。[①]这一观点认为《提纲》中的实践和人还是抽象的，现实的实践和人在《形态》中才完成。这几种观点虽然没有直接提出支持"断裂说"，但是却主张马克思在此时的思想发生了转变，其实质仍然是"割裂"了马克思思想发展的连续性。

与以上观点相反，反对"断裂说"的学者也不在少数。早在1997年，徐崇温先生就批评了阿尔都塞因袭实证主义思潮，以"认识论上的断裂"论

---

[①] 刘福森：《新世界观的"纲领"还是"萌芽"？——对马克思〈关于费尔巴哈的提纲〉的重新解读》，载《西南大学学报》（社会科学版）2016年第3期。

把马克思的思想发展划分为以经验论为理论基础的"意识形态"时期和成年马克思的以反经验主义为理论基础的"科学"时期的做法。他指出,当阿尔都塞用这种实证主义的科学观和意识形态观编织出"认识论上的断裂"论,以此解释马克思主义的发展时,没有看到马克思主义科学同自然科学的区别和同无产阶级政治实践的紧密联系,不懂得马克思主义既是科学的又是革命的,因而严重曲解了马克思主义。而当阿尔都塞用他的这种要科学、不要意识形态的"认识论上的断裂"论去干预国际共产主义运动的形势时,就更走到了他力图使马克思主义摆脱资产阶级意识形态的侵袭的良好愿望的反面。[1]应当说,徐先生的观点还是很有见地的,一针见血地指出了阿尔都塞"断裂说"的漏洞,有着一定的启发性。

与此观点类似,学者们从不同角度对阿尔都塞的"断裂说"提出质疑与批判。比如安启念明确指出,"阿尔都塞的核心观点,他所说的那种'断裂',实际上并不存在。……误解马克思,不懂得

---

[1] 徐崇温:《阿尔都塞的反经验主义认识论和马克思主义》,载《中国社会科学》1997年第3期。

劳动实践在历史唯物主义中的重要意义,是阿尔都塞最重要的理论失误"[1]。并且,他从《〈政治经济学批判〉序言》与《终结》中马克思与恩格斯的具体论述出发,极富针对性地对阿尔都塞的"断裂说"进行了反驳与批判。学者鲁克俭认为,从马克思思想发展的进程来看,《提纲》对《手稿》中的自然唯物主义即直观唯物主义进行了清算,提出了一种新型唯物主义即实践唯物主义,从而成为《形态》中历史唯物主义的萌芽。也就是,他认为在马克思所坚持的唯物主义哲学路线上,《提纲》所体现的实践唯物主义是《手稿》中体现的自然唯物主义和《形态》所体现的历史唯物主义之间的过渡形态。[2]这一观点把实践唯物主义与历史唯物主义割裂开来,没有看到二者的统一性,虽然名义上反对了阿尔都塞的"断裂说",但其逻辑理路仍然没有走出"断裂说"的框架。学者周峰具体分析了阿尔都塞"保卫"马克思的结果。他认为,为挽救马克思哲

---

[1] 安启念:《阿尔都塞马克思哲学思想"认识论断裂说"批判》,载《北京大学学报》(哲学社会科学版)2016 年第 1 期。
[2] 鲁克俭:《〈关于费尔巴哈的提纲〉的写作原因及其再评价》,载《马克思主义与现实》2008 年第 5 期。

学的科学性，以区别于资本主义意识形态的抽象性和虚伪性，阿尔都塞运用结构主义的方法，创造性地发展出症候阅读法来对马克思哲学进行科学性的"断裂"辩护，这就是马克思主义所谓的"反理论人道主义"立场。阿尔都塞有力地纠正了当时马克思主义哲学人道主义化的倾向，捍卫了马克思哲学的科学性。但是，阿尔都塞的过度科学主义和结构主义解释，也使得马克思哲学走向了结构主义——注重形式和理论思维的过程，而缺少对现实的真正解释和改造功能。同时，人道主义与马克思主义间的关系被阿尔都塞割裂，导致一个可能永远无法取得共识的认识论与实践课题。[①]

可以看到，无论是赞同抑或是质疑，"认识断裂说"无疑在整个马克思主义学术界产生了巨大的影响，成为研究《提纲》时必须要面对的一个理论命题。

（2）"认识延续说"。第二种观点是"认识延续说"。这一类观点虽然认为马克思的思想发展不存在断裂，但却认为《提纲》不过是马克思此前著作

---

[①] 周峰：《坚硬的"断裂"——阿尔都塞的马克思主义观》，载《学术研究》2013年第8期。

的延续。

首先,有很多学者认为《提纲》是《手稿》的延续。比如南斯拉夫的学者弗兰尼茨基认为,马克思克服了对人的本质的形而上学的抽象观点。同时指出,马克思的《手稿》已经囊括了《提纲》的所有内容。"由于恩格斯当时不了解马克思的《经济学哲学手稿》,因此认为《提纲》是表述新观点的第一个文件。"[①] 日本学者渡边宪正也认为《提纲》是《手稿》的延续。他认为,《提纲》中对费尔巴哈的批判应该说是马克思在之前《手稿》中所形成的费尔巴哈观的延伸。从与《手稿》的关系上来看,马克思的费尔巴哈批判很难说是一个根本性的理论转换。"倒不如说马克思是在《关于费尔巴哈的提纲》中,将自己在《1844年经济学哲学手稿》中形成的理论进行了自我概括,《关于费尔巴哈的提纲》是他在意识形态论争时期批判费尔巴哈的备忘录。"[②] 这类观点很具有代表性,基本是从马克思

---

① [南斯拉夫]弗兰尼茨基:《马克思主义史》第1卷,李嘉恩等译,人民出版社1986年版,第137页。
② [日]岩佐茂、小林一穗、渡边宪政编:《〈德意志意识形态〉的世界》,梁海峰等译,北京师范大学出版社2004年版,第28页。

对费尔巴哈的批判，以及人学观上判断《提纲》是《手稿》的延续。

而国内学者陆世强也持此种观点，不过他是从马克思实践观来考察的。他认为，马克思的科学的实践观是在《手稿》中孕育而在《提纲》中最后确立的。这两部著作是紧密联系的，这种联系反映了劳动、生产向完整科学的实践概念过渡的一脉相承过程。可以说，如果没有对《手稿》的正确理解，就无法准确地理解《提纲》，因为《提纲》阐述的原则，是建立在《手稿》论述的基础上的。同样，如果脱离《提纲》，就会寻不到《手稿》的去向和结论。只有既从《手稿》出发，又上升到《提纲》的高度，才能理解科学实践观的确立。① 这种观点从实践的内涵出发，认为《提纲》只是《手稿》的延续，《提纲》的思想早在《手稿》中已经具备了。

其次，也有部分学者认为《提纲》是《家族》的延续。比如陶伯特结合《提纲》手稿上的"四行文字"认为《提纲》的写作是《家族》的延续，并且与《家族》所获得的反响有直接关系，并认为

---

① 陆世强：《评"西方马克思主义"对马克思实践观的"现代阐释"》，载《广西大学学报》（哲学社会科学版）1992年第1期。

《提纲》写于7月初。聂锦芳支持陶伯特的观点，如前文所述，认为《提纲》仅仅是《家族》中唯物主义思想的延续。

与此相对，姚顺良、夏凡对以上观点提出质疑，认为《提纲》究竟写于何时，这并不单纯是文献考证问题，而且是一个思想史问题。并基于《提纲》《家族》和《形态》的思想史联系，提出《提纲》写于1845年4月到11月之间的推测。对于陶伯特所关注的"四行文字"，他们提出与其说它是《家族》的延续，不如说是对《家族》的否定和超越。其实，《提纲》与"四行文字"的关系仅限于"四行文字"和《提纲》第一条写在同一页上，并且"之间没有明显的间隔"而已。[1]确实如此，在进行文献学的考据时，不能忽视文本内在的思想联系，而仅凭只言片语来下判断，否则可能会离文本越来越远。

（3）"笔记说"。第三种观点是"笔记说"。国内的主流观点是将《提纲》与《形态》联系起来，认

---

[1] 姚顺良、夏凡:《〈关于费尔巴哈的提纲〉写作时间的判定及其思想史定位——兼论文献考证与马克思主义思想史研究的关系》，载《马克思主义研究》2008年第8期。

为二者是一种发展深化的关系，毕竟《提纲》是马克思准备《形态》时的研究笔记。这一类观点将视点聚焦于《提纲》与《形态》的关系之上，但关于《形态》是在何种层面对《提纲》进行了发展深化，学界对此认识不尽相同。

有些学者认为《提纲》已经蕴含了"劳动实践"的思想，这一点在《形态》中得以深化与发展。比如田心铭就指出，《提纲》初步制定了科学的实践观。作为人类最基本的实践活动的生产劳动是理解社会历史的锁钥，马克思关于生产劳动的思想，在《提纲》中已经以萌芽的形式包含在关于实践的阐述之中。[①] 文章看到了生产劳动在《提纲》中的萌芽，具有一定的启发性。与此相类似，安启念也认为，马克思超越费尔巴哈是一个过程，《提纲》只是这一过程的完成与总结。如果以《提纲》对费尔巴哈的批判作为马克思超越费尔巴哈的标志，那么《手稿》已经是马克思相关哲学思想的诞生地。又指出，马克思与费尔巴哈的区别，核心是实践概

---

① 田心铭：《"历史唯物主义的起源"——马克思〈关于费尔巴哈的提纲〉研读》，载《思想理论教育导刊》2010年第2期。

念，具体到社会历史领域，就是劳动实践。[①]这一观点与田心铭基本相一致，都认为《提纲》中蕴含了劳动的萌芽。

也有学者从对陶伯特观点（认为《提纲》是《家族》的延续）的批判入手，认为陶伯特实际上没有体察到马克思写作《提纲》的真实内在原因，并未考虑到马克思同费尔巴哈从一开始就存在着差异的事实。指出，《提纲》的诞生固然根源于马克思自身的思想进步和理论创新，而赫斯、施蒂纳以及恩格斯等人对马克思的影响作用也是不容忽视的。陶伯特把《提纲》的创作过程看得过于简单，缺乏马克思主义发展史的整体视角。《提纲》是现实和理论需要的产物，是马克思为了打好和恩格斯一同创作新世界观的哲学基础所认真写下的研究笔记。《提纲》同《形态》的基本精神是一致的，二者之间的关系无疑要比《提纲》和《家族》的关系密切。[②]还有一些学者认为，《形态》发展了《提纲》

---

[①] 安启念：《〈关于费尔巴哈的提纲〉与马克思对费尔巴哈的超越》，载《北京行政学院学报》2010年第3期。
[②] 李锐：《〈关于费尔巴哈的提纲〉与〈神圣家族〉的关系再探析》，载《世纪桥》2010年第3期。

中"改变世界"的思想。比如曾凡跃认为,《提纲》所蕴含的改变世界的思想主要是一种强烈的批判精神和思想原则。后来《形态》对《提纲》实践观的具体化的最突出表现应当是改变世界的具体化,而不是从"实践一般"到生产劳动思想的具体化。[①]

可以看出,无论是"劳动实践"思想,还是"改变世界"思想,《提纲》与《形态》作为马克思新唯物主义的开山之作,各自的侧重点是不同的。关于这一点,笔者比较认同邹诗鹏的观点。他认为,在共享新唯物主义地平线上,《提纲》与《形态》各有所侧重。《提纲》侧重于批判费尔巴哈而强调实践观变革,《形态》侧重于历史观,也是对黑格尔、费尔巴哈及施蒂纳等德国观念论历史观的系统批判。而《提纲》主要是针对费尔巴哈及其旧唯物主义在思维方式上的批判,历史哲学的探讨并不多。[②]

确实如此,马克思要确立新的唯物主义,首先

---

[①] 曾凡跃:《〈关于费尔巴哈的提纲〉与〈德意志意识形态〉改变世界思想之比较研究》,载《求实》2012年第8期。
[②] 邹诗鹏:《"实践唯物主义"与唯物史观的相通性——基于〈关于费尔巴哈的提纲〉与〈德意志意识形态〉的探讨》,载《马克思主义与现实》2015年第4期。

需要推倒费尔巴哈。所以，作为写作《形态》之前的研究笔记，《提纲》重点在批判费尔巴哈，而批判的核心就是实践，在批判中马克思也确立了实践在新唯物主义中的基础地位。后来的《形态》则是在此基础上对历史观展开了批判与建构。

2.《提纲》对德国古典哲学的超越

马克思写作《提纲》的原因就是清算以费尔巴哈为代表的旧唯物主义，为其确立新唯物主义扫清障碍。那么，马克思新唯物主义的确立，必然意味着对以黑格尔和费尔巴哈为代表的德国古典哲学的全面超越。所以，研究《提纲》对德国古典哲学的批判与继承就成为学者们必然要面对的问题之一。

比如，学者赵敦华就将康德、费希特、谢林与黑格尔的哲学比作德国唯心论的"四乐章"，强调其与马克思哲学的连续性。赵敦华认为，为了理解马克思，首先要理解康德到黑格尔是如何"从主体面""能动的方面"发展了对实践的理解的。正是由于德国唯心论一以贯之的实践观，马克思才能理解黑格尔辩证法的革命意义，因而在自己学说中把握住费尔巴哈所不懂的革命的实践批判活动。而《提纲》之所以批判费尔巴哈，是因为随着1844—1845

年对黑格尔的否定辩证法和劳动异化思想的深入思考，以及对英法德三国工人阶级状况的全面了解，马克思意识到，费尔巴哈的直观的唯物主义不是把感性理解为实践活动的唯物主义，在理论和实际上都是工人阶级革命实践的障碍。[①] 赵敦华指出了马克思写作《提纲》时所面临的工人阶级革命实践，笔者认为这是不可忽视的重要原因。马克思的新唯物主义是实践的，是为无产阶级革命服务的，而费尔巴哈的唯物主义阻碍了"革命的实践"，这正是马克思写作《提纲》的直接动因。

又比如，学者边立新是从马克思对传统哲学抽象本体论的批判的角度对《提纲》进行了研究。认为马克思的新哲学是对旧唯物主义和唯心主义局限性的超越，是对传统哲学抽象本体论的超越，也是本体论的变革和转换。因此这是不同于一切传统哲学的现代哲学，是以人的实践活动为基础的哲学，实践的观点是贯穿于马克思主义哲学全部理论的基

---

① 赵敦华：《走向马克思的德国唯心论的"四乐章"——读〈关于费尔巴哈的提纲〉》，载《北京大学学报》（哲学社会科学版）2015年第3期。

本观点。[1] 文章认为马克思的实践概念是对传统哲学抽象本体论超越的关键，正式确立了现实的人的实践，马克思才实现了对古典哲学的超越。

另外，学者张守奎也考察了马克思对旧唯物主义的超越问题，其主要是考察了旧唯物主义"旧"在何处。他从"市民社会"概念入手，根据《形态》中的相关论述，指出马克思把市民社会的产生与工商业和资本主义的发展直接关联起来。因为，马克思认为"真正的市民社会只是随同资产阶级发展起来的"。既然马克思认定"旧唯物主义的立脚点是市民社会"，而"市民社会"的产生又是与工商业和资本主义的发展直接关联起来的，那么马克思《提纲》中所谓的"旧唯物主义"则必然是与近代工商业和资本主义的产生相联系的。这样在马克思那里就直接排除了"旧唯物主义"内涵的"前近代成分"。[2] 文章所谓的"前近代成分"，也就是马克思所认为的"旧唯物主义"只是指经过近代资本

---

[1] 边立新：《马克思的实践哲学对传统本体论的超越》，载《学习论坛》2005年第9期。
[2] 张守奎：《理解与阐释的迷误——对流行的〈关于费尔巴哈提纲〉几个问题解释的质疑》，载《武汉科技大学学报》(社会科学版) 2009年第5期。

主义产生、发展洗礼后的唯物主义，尤其是18世纪的法国机械唯物主义和以费尔巴哈为代表的德国人本唯物主义。作者就从分析旧唯物主义的"旧"在何处入手，阐述了马克思新唯物主义对旧唯物主义的超越问题。

让我们回归《提纲》文本，不难发现，马克思在《提纲》中从三个方面初步实现了对费尔巴哈的清算，即对人本质概念的清算、对思维真理性的清算、对人与自然关系的清算。而连接这三个方面的就是"实践"，也可以说，马克思通过现实的人的实践清算了费尔巴哈的抽象的人。在清算费尔巴哈的同时，马克思也在人本质概念、思维真理性、人与自然关系这三个问题上给出了自己的见解与思考，对这三个问题的回答就成了马克思新唯物主义的重要组成部分。

3. 人的本质问题

在马克思对费尔巴哈的批判中，占主体地位的就是批判费尔巴哈关于"抽象的人"的观点。参照《提纲》的文本，根据每一条笔记的主要内容，可以将第一、五、六、七、八条归为对"抽象的人"的批判。马克思打破了"抽象的人"，随之建立起的就是"实践的人"。其中,涉及了对象性活动、感性、人的本质、社会生活本质等关键概念,其中关于人的本质的讨论,历来是学界讨论的热点。

阿尔都塞认为,《提纲》中的第六条不能单从字面上来理解,这句话显现出人的概念与人的定义之间的不相符合。而这种不相符合却有一种实际意义,"它指出有一个行动需要去完成,有一项转移需要去进行"[1]。这就意味着要寻找实在的人,必须走向社会并分析社会关系的总和。他在这里指出了实在的人是身在社会中的人,而不是概念的人。弗兰尼茨基也同样指出,马克思克服了对人的本质的形而上学抽象观点,将人的本质看作根本的历史的范畴。[2] 他们都强调了马克思眼中的"人"的社会历史本质。

对此,国内学者陈先达认为应该在生产关系中考察人的本质。他指出,马克思关于人本质的理论是1844年思想深化的必然结果。这一过程通过对

---

[1] [法]阿尔都塞:《保卫马克思》,顾良译,商务印书馆2010年版,第241页。
[2] [南斯拉夫]弗兰尼茨基:《马克思主义史》第1卷,李嘉恩等译,人民出版社1986年版。

人的物质生产活动和社会关系的探讨，逐渐摆脱费尔巴哈"抽象的人"的影响，触摸到形成人性和人的本质的现实基础。而关于人的本质的概念，无非是对人的生活和社会关系的理论表达。社会关系的总和不是机械的凑合，而是各种社会关系的有机统一体，归根结底，取决于生产关系。所以生产关系最终决定着人的社会本质。[1]将人的本质最终归结为生产关系的观点，在一定时期内占据了学术界的主流。

与此同时，将人的本质归结为现实实践的观点，也在学术界有很重要的分量。比如黄楠森先生认为，马克思在《提纲》中提出的人的本质的定义，不是一个严格的完整的定义，而只是说明要如何给人的本质下定义，即要把人摆到社会关系的总和中来寻求人的本质，给人的本质下定义。黄先生认为，马克思在《提纲》中虽然没有直接讲人的本质是劳动，但在《手稿》中讲过，后来在《形态》和《资本论》中也讲过。黄楠森先生进一步指出人与动物的最根本的区别、人之所以为人的本质就是劳

---

[1] 陈先达、靳辉明：《马克思早期思想研究》，中国人民大学出版社2016年版。

动和实践，即对客观世界的自觉改造。① 可见，黄楠森先生总体上是持人的本质为劳动实践的观点。再比如孙熙国老师也谈到了人的本质，指出人的本质是由劳动本质与社会本质共同构成的。因此，从内在根据层面将人的本质归结为实践与从现实性表现层面将人的本质归结为一切社会关系的总和，两者在根本上是一致的，一致的基础是实践。人的本质的更深层、更根本的内容则是实践（劳动）。② 孙熙国老师将人的本质归结为实践。与孙熙国老师的观点类似，复旦大学的邹诗鹏认为，马克思不再抽象地谈论人的本质，而是直面人的社会现实，从复杂的社会关系去把握人的本质。这里的"现实"是基于感性现实并指向人的历史实践活动的"现实"。换言之，是人通过自己的历史实践活动实现出来的"现实"。③ 他也将人的本质与现实的实践相

---

① 黄楠森：《人性的抽象不等于抽象的人性》，载《河北学刊》1985年第1期。
② 孙熙国：《唯物史观的创立与人的本质的发现——从〈关于费尔巴哈的提纲〉一处误译谈起》，载《哲学研究》2005年第11期。
③ 邹诗鹏：《"实践唯物主义"与唯物史观的相通性——基于〈关于费尔巴哈的提纲〉与〈德意志意识形态〉的探讨》，载《马克思主义与现实》2015年第4期。

联系，指出了马克思的实践思想。此外，刘怀玉指出，《提纲》的核心任务是批判费尔巴哈的人本主义哲学，"全部社会生活在本质上是实践的"这一前提的确立，使马克思完成了其哲学逻辑深层中一个十分重要的转变，即从人学主体辩证法向以客观实践为基点的历史辩证法的转变。[1]他看到了实践作为马克思新唯物主义的基点的重要作用。以上观点虽有细微的差异，但总体上都将马克思"人的本质"归结为生产与生活的实践，笔者对此类观点表示赞同。

对于人的本质是劳动这种观点，安启念则持不同意见。他认为，人的本质"是一切社会关系的总和"是马克思主义对人的本质的科学规定。若以劳动取代社会关系的总和作为人的本质规定，是不适宜的。首先是因为马克思主义考察人的本质问题时的角度不同。"劳动说"是马克思主义对人的本质的特殊规定，"社会关系说"是马克思主义对人的本质的一般规定。其次是因为以劳动作为人的本质无法说明人的本质的丰富性。人的本质的劳动说与

---

[1] 刘怀玉:《马克思哲学革命关键环节的历史原象——从〈未来哲学原理〉到〈关于费尔巴哈的提纲〉》，载《河北学刊》2006年第6期。

社会关系总和说并不矛盾。前者把人与动物做了区分并从总体上为科学地说明人类和人类社会历史奠定了基础，后者则真正对现实的人和现实的人类社会提供了科学的说明。一旦着眼于现实的人，人的本质只能是社会关系的总和。[1]其实，劳动与社会关系总和只是同一概念的两个层面而已，将两者统一的概念就是实践。劳动可以看作实践的现实表现，而社会关系总和则可以看作实践的理论表述，所以，关于人的本质归根结底还是实践。

与主流观点相反，有些学者则对马克思此时"人的本质"思想提出了不同的看法。比如有些学者认为马克思此时对于"人的本质"的看法明显受到了赫斯的影响。比如日本学者广松涉就在其论文《早期马克思像的批判性重构》[2]中提出，在《提纲》中，马克思基本已经过渡到了赫斯的立场，已经没有了作为自然存在的规定的影子，而是跟随赫斯把人的存在规定为社会关系的综合。所以，此时

---

[1] 安启念：《坚持马克思主义对人的本质的科学规定》，载《教学与研究》1992年第2期。
[2] 原文发表于《思想》1967年第10期，中译文收录于邓习议编译：《赫斯精神》，南京大学出版社2010年版。

马克思已经由自然主义与人道主义的立场转变为唯物论的立场。[1]广松涉通过对比赫斯的费尔巴哈批判与马克思《提纲》的表述，得出了以上结论。不过对于广松涉的这一观点，日本学者良知力却持保留意见。他认为，广松涉忽视了赫斯与马克思之间存在的根本差异，赫斯并不是一个唯物论者，其哲学基础是作为静观的完成的黑格尔哲学，并且赫斯所谓的社会本身，也成为脱离历史的过程的形而上学的教条化、乌托邦化。所以，马克思并不存在一个所谓的"赫斯阶段"。[2]而国内学界也有学者的观点与广松涉不谋而合。比如鲁克俭认为马克思此时仍然受黑格尔影响，更受赫斯的影响。在《提纲》第六条的说法，不过是对赫斯关于人的类本质第二个维度的确认，绝非马克思在《提纲》中提出的新思想。总之，马克思此时还没有真正摆脱赫斯哲学共产主义的影响，仍然处于历史目的论的语境中。[3]

---

[1] 韩立新编：《当代学者视野中的马克思主义哲学·日本学者卷》，北京师范大学出版社2014年版，第303—305页。
[2] 韩立新编：《当代学者视野中的马克思主义哲学·日本学者卷》，北京师范大学出版社2014年版，第251页。
[3] 鲁克俭：《〈关于费尔巴哈的提纲〉与历史目的论》，载《河北学刊》2009年第6期。

这一观点有很大问题,过分抬高了赫斯对马克思的影响,消解了马克思新唯物主义的实践意义,是对马克思思想的一种"矮化"。

此外,还有学者认为提纲第六条并不是对人本质所做的定义。比如学者黄森指出,"人的本质……在其现实性上……是一切社会关系的总和"是可以成立的。但它并不是对人的本质做定义性的说明。这里并没有回答人的本质是什么,而是阐明"人的本质"同"社会关系的总和"之间的关系。作者认为,这一说法表明马克思看到真实存在着的、活动的人的一切社会关系,间接地说明人的本质在于其社会性。[1] 其有别于传统的解读,将这一条看作一种关系性的表述,有一定的独特之处。丁立群认为,"人的本质是社会关系的总和"这一论断是片面的。首先,这种理解不符合马克思关于人与社会辩证关系的一般理论。其次,这种理解不符合马克思对人的理想性哲学构想。在这一分析的基础上,作者提出,"人的本质是社会关系的总和"这一论断的时间界定是资本主义和前资本主义

---

[1] 黄森:《重温〈关于费尔巴哈的提纲〉的一点思考》,载《哲学研究》1984年第7期。

时期，它反映的是一种与马克思的理想价值相矛盾的，因而应予结束的历史状态和事实，其评价前提是批判性的。马克思的论断与其说是关于人性和人的本质的核心原则，毋宁说是其批判现实的重要理论前提之一：它本质上属于马克思异化理论范畴。[1]作者的这一论点有些不太严谨。首先，人的本质理论与马克思的异化理论是不同的；其次，文章中所谓的"马克思对人的理想性哲学构想"这一说法本身就存在问题；最后，文章中认为马克思关于人本质的理论是针对资本主义和前资本主义时期，是一种批判性评价，这一观点也是有悖于马克思本意的。马克思在这里提到的人的本质并不是批判性理论，而是一种建设性理论，是一种一般性的理论。所以，笔者不认同作者的观点。

对于"一切社会关系总和"中"总和"的概念，有学者认为，我们通常将其解释为一种数量或内容的叠加，由此出发，必然会把《提纲》中的"社会关系"理解为在人之外的、与人无关的"物"。事实上，《提纲》中的"总和"概念的核心内容是人

---

[1] 丁立群：《"人的本质是社会关系的总和"：一个被误解的命题》，载《马克思主义与现实》1993年第1期。

们为了某种目的的主动聚集。因此，马克思在《提纲》中并不是从客观制约性的角度，而是从主体能动实践的角度来理解社会关系的。因为此时的马克思还没有对资本主义社会进行正面的研究，而只是将其作为批判的对象，社会关系的客观制约性还在他的理论视野之外。[①] 作者对"总和"的理解有些片面，不应忽视其中的社会关系的客观制约性。另外，作者所谓的"此时马克思还没有对资本主义社会进行正面研究"的观点也是有失偏颇的。此时的马克思正是在对市民社会进行剖析之后，才写成了《提纲》。我们可以认为《提纲》中凝练的表述在很大程度上是一种逻辑推衍的结论，而思辨的过程在这里被隐去了，但是这些结论的产生离不开马克思对市民社会的分析。所以，不应片面地理解这里的"总和"概念。

另外，刘福森认为，在第六条中，马克思并没有反对人的本质这一概念本身。这表明马克思对人的解释已经开始想要超越传统的人本主义，想要超越费尔巴哈，想要从"现实性"上去解释人。但

---

① 齐效玫:《马克思〈关于费尔巴哈的提纲〉中的"总和"概念辨析》，载《南京政治学院学报》2015年第3期。

是，由于马克思这时还没有确立起历史的思维逻辑，因而这里的"社会关系的总和"概念还不是一个现实的、历史的概念。只是一个由全部社会关系构成的"总体性"概念，它并不包含"历史性"的含义，因而还不能揭示出人的历史性。并且，"人的本质"概念，并不是马克思的新唯物主义概念，而是传统的抽象的人本主义哲学的核心概念。"人的本质是什么"的提问方式，是传统形而上学的人本主义哲学的提问方式。[①]这里刘福森老师并没有联系马克思此时的思想进程，如果联系《手稿》与《神圣家族》，则可以清楚地看到，此时马克思"社会关系的总和"并不是一个"总体性"的概念，而是建立在生产与生活实践之上的社会关系，具有历史性与现实性。再者，刘福森老师将"人的本质"机械地划归到人本主义哲学领域，是一种误解，在辩证唯物主义哲学中，"人的本质"也并非理论禁区。判断其为人本主义或是辩证唯物主义的标准不是"人的本质"这一概念的提问方式，而是概念的

---

① 刘福森：《新世界观的"纲领"还是"萌芽"？——对马克思〈关于费尔巴哈的提纲〉的重新解读》，载《西南大学学报》(社会科学版) 2016年第3期。

具体内核。笔者认为，不能教条地给某一哲学理论设立理论禁区，导致人们"谈虎色变"，也不能因为某种言说方式而武断地贴上标签，而应当分析具体的理论内核。

回归文本，马克思写作《提纲》，主要在于批判以费尔巴哈为代表的旧唯物主义。所以《提纲》开篇第一条就指出，旧唯物主义缺乏主体维度，而主体的维度就是"感性的人的活动"，这种活动就是现实中人的实践活动。同时，唯心主义看到了实践，但这是一种在精神领域内的抽象实践，也就是他们抽象地发展了能动性。在总结了两大阵营的缺陷之后，马克思将笔锋转入对费尔巴哈的批判。费尔巴哈研究人，但是却没有将人的活动理解为对象性活动。也就是在费尔巴哈那里，人的活动始终只是一种抽象的活动，是静止的，并没有与社会现实产生关联性。而马克思所提倡的对象性活动，则是主体与客体双向互动的一种实践性活动，是运动的，是作用于现实社会的。人不是静止的人，不是符号，而是运动的人、实践的人。而费尔巴哈却没有看到这一点，所以在第五条中马克思指出，费尔巴哈喜欢直观，将感性静止化、机械化，忽略了实践的、人的活动。那么被费尔巴哈所忽略的人应当是什么样的人呢？马克思在第六条给予了回答，人的本质"在其现实性上，它是一切社会关系的总和"①。马克思有一个理论前提，就是"现实性"，从这里着眼，再结合第七、八条，就可以指明"社会关系"的具体内涵。第七条中，马克思指出，人都是属于一定的社会形式的。紧接着的第八条又继续揭示了社会生活本质上是实践的，所以人也是实践的。这样就可以判断出这里所说的"社会关系"是基于现实实践之上的、人的生产、生活关系。所以，人的本质是什么呢？就是在实践之中、生产、生活关系的总和。与此相对，费尔巴哈的对象则是抽象的、孤立的人，这只是一种人的类本质，一种人的抽象意义上的普遍性，不是社会中实践的人。这样，马克思就在关于"人"的核心问题上，清算了费尔巴哈，打碎了"抽象的人"，建立起了"实践的人"。

4.思维真理性

马克思清算费尔巴哈的第二大问题就是关于思

---

① 《马克思恩格斯文集》第1卷，人民出版社2009年版，第501页。

维的真理性问题,这是《提纲》第二条论述的中心问题。那么,究竟应该如何理解思维的真理性问题?马克思讨论这一问题的原因为何?学术界也给出了不同的回答。

一直以来,国内学术界对《提纲》第二条的主流理解是"实践是检验真理的标准",这里不再罗列这一传统观点,只介绍几种有代表性的非传统观点。比如,潘中伟认为,马克思在第二条中谈的是人的"思维"而不是人的"认识",他检验的显然是关于共产主义理想及其实现可能性的思维,而绝不可能是一般意义上的认识问题。思维总是关于某种对象的思维,因此,严格来说,思维的真理性问题涉及的是关于某种对象的概念的真理性理念及其客观的真理性问题,属于形而上学。它昭示人们不应局限于狭隘的具体经验,而应当重视理念在社会生活实践中的建构性作用。[1] 这种观点将理念的作用抬高到社会实践之上,认为有着建构性作用,这无疑夸大了主体的思维力量,不符合马克思的实践

---

[1] 潘中伟:《马克思思维真理性命题的形上内涵——〈关于费尔巴哈的提纲〉第二条再思考》,载《郑州大学学报》(哲学社会科学版)2012年第1期。

观。李建平则通过查对德文原文，并联系马克思当时的思想发展，确定了第二条讲的是思维与存在的关系问题，认为马克思强调人的思维要符合因人的对象性活动即实践而不断改变的周围世界的真实性，批判了费尔巴哈感性直观的局限性。他认为，《提纲》第二条的第一句应改译为"人的思维是否符合对象性的真实性，这不是一个理论问题，而是一个实践的问题"。相应地，第二句改译为"人应该在实践中证明自己思维的真实性，即自己思维的现实性和力量，亦即自己思维的此岸性"[①]。对于其修改后的译文可以再做讨论，但是他把第二条理解为"思维与存在的关系"似乎有些欠妥当。存在并不等同于实践，这一条如果表述为思维与实践的关系会比较合适。鲁克俭认为，第二条与"真理标准"毫无关系，"不可知论"既不能以知性方式来解决，也无法以理性方式（像黑格尔那样）来解决，而是一个实践领域的问题。并且不仅仅是理论理性的问题，也不仅仅是实践理性的问题，而是感性的对象性活动即现实的实践问题。另外，《提纲》

---

① 李建平：《〈关于费尔巴哈的提纲〉第二条别解》，载《东南学术》2013年第6期。

第二条体现了马克思的真理观。首先,现实的事物具有内在的本质和理性。其次,社会中的现实事物的本质在先于主客二分的实践活动中生成的。[1]鲁克俭的观点有一定的启发性,但有些地方仍然值得商榷。

对于第二条,张守奎认为,如果我们结合《提纲》整体思想去理解的话,那么,就会发现与其把它解释为一个认识论的问题,毋宁说它强调的是一个实践的存在论、生成论基础意义的问题。只有把现在的"人的思维是否具有客观的(gegenstandliche)真理性"的译文,改为"人的思维是否具有对象性的(gegenstandliche)真理性"才更符合马克思思想的本意,也才能更好地理解《提纲》思想主旨本身。[2]作者从翻译的角度来分析《提纲》的第二条,有一定启发性,但是将"客观的"翻译为"对象性的"究竟是不是符合马克思原意,值得进一步商榷。还有学者指出《提纲》第二条应

---

[1] 鲁克俭:《基于MEGA2的〈关于费尔巴哈的提纲〉文本研究:一个路线图》,载《创新》2016年第1期。
[2] 张守奎:《理解与阐释的迷误——对流行的〈关于费尔巴哈提纲〉几个问题解释的质疑》,载《武汉科技大学学报》(社会科学版)2009年第5期。

理解为马克思对怀疑论的回应。比如文学平认为，学界对于《提纲》第二条主要有四种不同的理解，即检验方法论、真理概念构成论、"大写的真理"论和回应怀疑论。而前三种解释都未能准确理解马克思的论述所针对的问题，也不符合基本的语用逻辑，难以成为正解。马克思实际上是在回应怀疑论的看法。怀疑论者预设了观想的态度是真正的人的态度，并企图在此预设之下回答人的思维是否可能具有客观的真理性的问题。由于怀疑论者预设的前提是错误的，因而他们争论的只是一个无聊的伪问题。①

近些年在众多非传统的解读观点中，将《提纲》的第二条以存在论的视角进行解读的文章日益增多，而其代表就是何中华。他认为，马克思在《提纲》第一条中所确立的那个先行有效的立场，使主—客二分的对象性模式，消弭于一个更具有始源性和本然性的基础，一个终极原初性的基础，即作为人的感性活动的实践。如此一来，就从根本上排

---

① 文学平：《马克思对怀疑论的诊断——如何理解马克思〈关于费尔巴哈的提纲〉第二条》，载《厦门大学学报》（哲学社会科学版）2018年第6期。

除了把"真理"引向认识论一途的可能性。而《提纲》第二条的真理观,无疑是批判地继承了黑格尔的存在论真理含义。但是,马克思的真理观又不是一般意义上的存在论的,而是实践本体论的,亦即人的存在的现象学的。在马克思哲学的语境中,"真理"一词的"祛蔽"这一原初含义被保留了下来,不过这里的"祛蔽"是指人的存在本身的敞显和澄明。同时,它也绝不是人们想象的产物,而只能是人的历史活动的结果。[1]这一观点从存在论的角度来理解"真理"概念,无疑为学界研究《提纲》的第二条提供了另一种思路,具备一定的研究价值。

此外,由这一条出发进而探讨马克思真理观的文章也有许多。比如童建安认为,在马克思的语境中,"真理"实质上是指共产主义的实现,即人的存在与本质、自由与必然等一系列二元对立的最终消解,从而达到人的异化的消除、人的本质的实现这样一个宏伟的历史目标。马克思哲学的真理观具

---

[1] 何中华:《人的存在的现象学之真理观——再读马克思〈关于费尔巴哈的提纲〉第二条》,载《烟台大学学报》(哲学社会科学版)2017年第5期。

有实践性、现实性和此岸性等三个特征。没有实践性就不可能有真理的现实性和此岸性，实践性是其真理观的基石；离开了现实性和此岸性，实践性也就失去了存在的意义。因此，马克思哲学真理观的这三个特征之间，彼此是相辅相成的。[①] 也有学者将真理现实性问题与马克思的哲学革命相联系，比如张晓华认为，马克思在《提纲》第二条中扬弃了西方哲学关于真理现实性问题的争论，通过新实践观在根本上突破了观念形而上学的藩篱，解决了"思维是否具有客观的真理性"的难题，在本体意义上消解了传统哲学中一系列的二元对立。基于实践本体的新唯物主义，以真正的现实性消除了唯心主义的意识形态幻象，而且从根本上克服了旧唯物主义消极的直观性。马克思真理现实性的思想显示他真正找到了由抽象的观念世界回归感性世界的哲学道路，不仅终结了传统形而上学，而且比现象学、解释学等思潮更早、更彻底地开启了在生活本身中寻找真理的哲学变革。这一崭新的现代哲学视

---

① 童建安：《论马克思哲学真理观的三个特征——读〈关于费尔巴哈的提纲〉第二条》，载《烟台大学学报》（哲学社会科学版）2017年第5期。

野应当成为我们深入理解马克思哲学思想的基点。①

接下来,我们回归《提纲》第二条的文本。马克思讲道,思维是否具有客观的真理性,是实践的问题。这里实践所检验的是思维是否具有真理性,检验的对象是思维。而传统主流观点"实践是检验真理的标准"中,检验对象则成了真理,思维的真理性与真理是不相同的。所以,第二条的意思是:实践是检验思维真理性的标准。而不是传统观点的"实践是检验真理的标准"。在这里,思维指的是人的思维,是理论,在特定的语境中,可以指代"哲学"。第二条的意思也就是,一种理论、一种哲学是否具有真理性,需要实践去检验。只有将"批判的武器"投入现实的实践之中,才能知道这种理论、这种哲学是否可靠,也就是证明"思维的此岸性"。讨论离开实践的思维是经院哲学的问题,也就是说费尔巴哈、青年黑格尔派所讨论的脱离实践的抽象的人、抽象的思辨理论都只是空中楼阁,不具有真理性。所以,《提纲》的第二条讲思

---

① 张晓华:《论马克思的真理现实性思想——以〈关于费尔巴哈的提纲〉第二条为依据》,载《烟台大学学报》(哲学社会科学版)2017年第6期。

维的真理性，目的是证明费尔巴哈的思维不具有真理性，也就是打碎了"空洞的思维"，确立了"实践的真理"。这也是马克思扫清旧唯物主义思想的重要一步。

5. 人与环境

马克思清算了费尔巴哈思想中关于人的本质问题、思维的真理性问题，在《提纲》的第三条中，继续清算了其人与环境的关系问题。这里仅就《提纲》的第三条文本进行相关论述。

学术界对于这一问题也表现出了足够的关注。比如曾永成指出，马克思把实践这种自由自觉的活动看作人的本质所在，而实践首先是人与自然之间的关系。从与自然的关系来考察人的本质，并不是简单地用人的自然性去规定人的本质，而是指人如何去对待自然和在自然中的实际处境。对于人的本质来说，人与自然的关系更具有根本性，社会关系及其总和乃是这种关系的社会性表现。[1]比如李龙强、李桂丽认为，通过对费尔巴哈相关思想的批判分析，马克思指出实践关系是人与自然的基本关

---

[1] 曾永成：《人的本质：从费尔巴哈到马克思——对〈关于费尔巴哈的提纲〉中一个重要观点的理解》，载《现代哲学》2004年第2期。

系，要求我们从人与社会的本质关系中去把握人与自然的关系。并且还从哲学立脚点和哲学历史使命角度论证了人与自然的关系及其背后的社会关系，并指出了解决自然、经济、社会问题的途径和方法。[①]前一种观点将人与自然的关系置于人的社会关系之上，是不恰当的。虽然在历时性上来说，人与自然的关系更具有根本性，但动物与自然也有类似于人与自然的某种关系。因此，对于人来说，人的社会关系才是更加根本的，社会关系才是人区别于动物的主要标志。所以，笔者更赞同后一种观点，将人与自然的关系拉回到现实的实践关系中去把握。

此外，安启念将《提纲》第三条提出的历史观概括如下：这是一种大唯物史观（涵盖了自然界、人类社会和人自身的发展），它以劳动实践为理论基础，价值指向或者价值目标是人类解放。并认为第三条是《提纲》的中心、枢纽。同时，安启念也指出大唯物史观不仅是《提纲》的基本思想，而且是马克思全部哲学思想的核心。首先，从理论研究

---

[①] 李龙强、李桂丽：《〈关于费尔巴哈的提纲〉中的自然观及其当代启示》，载《山东社会科学》2017年第2期。

的宗旨看，实现共产主义和人的解放是马克思毕生的奋斗目标，大唯物史观是他找到的实现这一目标的现实道路。其次，从马克思的哲学研究历程看，大唯物史观的创建具有特别重要的意义。[1]笔者赞同安启念的部分论述，比如说所谓的"大唯物史观"作为马克思思想的核心是有道理的。但是问题在于能否将《提纲》第三条的思想概括为这种大唯物史观，笔者认为是值得商榷的。这一条笔记作为马克思批判费尔巴哈哲学的一部分，其含义是有限的，并无法将马克思哲学思想的所有精华都包含进去，所以称之为"大唯物史观"是不妥当的。

对于《提纲》第三条的文本，孙熙国老师从中文通行版本的一处误译谈起。孙熙国老师通过对马克思、恩格斯手稿的考察，认为应该翻译为"环境的改变和人的活动的改变的一致，只能被看作并合理地理解为革命的实践"。继而，孙熙国老师又注意到了恩格斯修改本与马克思手稿本的一处区别，并从语言学的角度分析了"人的活动"一词在德文

---

[1] 安启念：《再读〈关于费尔巴哈的提纲〉前三条——论马克思的核心哲学思想及其方法论价值》，载《马克思主义与现实》2015年第3期。

原文中的用法。指出马克思手稿中比恩格斯修改后的版本中多了"自我改变（人自身的改变）"一词，这恰好与它前面的"人的活动的改变"一词互诠，即两者之间是一个并列互释的关系。可以看出，在恩格斯那里，这段话的意思还是相当明确的，即人类的改变和环境的改变都是在实践这同一过程中完成的，实践既改变了环境，也改变了人。接着，孙熙国老师论述了对马克思这一译文的模糊认识，导致了后来人们对唯物史观、人的本质理论的不准确乃至错误的理解。马克思把"环境的改变"归结为实践所昭示出的哲学意蕴就在于，把人类社会的运动、变化和发展看作人类实践活动的结果。第八条"全部社会生活在本质上是实践的"与第三条相呼应，两者共同构成了唯物史观的核心和基石。最终得出结论：存在于人类社会中的一切现象只有从实践出发才能得到科学的阐释和说明，科学的实践观是唯物史观这一大厦得以建成的根本和关键。[1] 笔者十分赞同孙熙国老师的观点，尤其是对于通行本误译的论述，极具启发性。

---

[1] 孙熙国：《唯物史观的创立与人的本质的发现——从〈关于费尔巴哈的提纲〉一处误译谈起》，载《哲学研究》2005年第11期。

按照孙熙国老师修改后的译文，可以看到，马克思批判的旧唯物主义学说，将社会分为环境、教育与人，并将环境与教育凌驾于社会之上，也就造成了环境的改变与人的活动的改变或自我改变的不一致，这样的实践不能称之为真正的实践。只有环境的改变与人的活动的改变或自我改变相一致，才能被看作并合理地理解为革命的实践。在这里，马克思解释了实践的含义，这里现将其置于一旁，后文会展开论述。

可以说，马克思通过对人的本质问题、思维真理性问题以及人与环境问题的论述，即清算了以费尔巴哈为代表的旧唯物主义，也逐步确立了新唯物主义的核心概念——实践。那么，马克思不遗余力地批判费尔巴哈的深层原因为何？我们也可以在《提纲》中找到答案。

6. 市民社会

马克思批判费尔巴哈的目的，需要深入马克思关于市民社会的论述中去寻找。《提纲》的第四条、第九条、第十条可以为我们提供解答的线索，基于这三条文本而展开的研究，学术界也为数不少，在此只列举其中有代表性的研究成果。

对于《提纲》第十条解读的分歧大致可以分为两种：第一种，把新唯物主义立脚点解读为未来的社会主义社会或共产主义社会，并强调社会化的人类是无产阶级；第二种，把新唯物主义的立脚点解读为社会现实生活本身。细分的话，又可以分为两种情况。第一种情况是国内学界主要依据苏联学者的理解，从政治立场上，把市民社会解读为资产阶级社会，与之相对应，人类社会就是社会主义或共产主义社会。这种解读方式在20世纪90年代前占据了主流。另一种情况是受西方马克思主义人道主义思潮影响的解读，虽仍然把它解读为未来社会，但却把市民社会解读为人性异化的社会，而把人类社会解读为人性复归的未来社会。比如日本"市民社会派"的代表学者望月清司认为，马克思在《提纲》第十条所提出的"市民社会"是从异化中解放出来的市民社会，这才是真正的"人的社会"，而所谓"异化了的人的社会"，作为"近代的"市民社会，"是只有通过私人所有和产品的私人交换才能建立起来的社会"。[①] 望月清司认为，在马克思那

---

① ［日］望月清司：《马克思历史理论的研究》，韩立新译，北京师范大学出版社2009年版，第217页。

里，无中介的社会也就是没有异化的社会，是人的社会，也是共同体。

至于国内学者的相关研究，这里仅举几个有代表性的例子。比如学者鲁品越对"市民社会"与"人类社会"给出了自己的理解。他认为，《提纲》中的"市民社会"是指启蒙时代思想家所说的作为"单个人的集合体"的社会，这是启蒙时代思想家对早期资产阶级社会的一种表面化的抽象。因为费尔巴哈看不到由物质经济关系构成的现实的人类社会，他所看到的只是由这些孤立个人组成的"市民社会"，并以此作为其理论的立脚点。而《提纲》中的"人类社会"就是现实的人类社会，是由现实的社会关系所组成的社会。这是马克思主义哲学的"实事求是"的特征的具体体现。新唯物主义以社会实践活动为基础的关于现实社会关系的矛盾及其辩证发展的理论，其任务就是要改变世界。[①] 这种观点将"市民社会"理解为一种抽象的人的集合体，而"人类社会"是现实的人的集合体。至于是否合适，还有待商榷。

---

① 鲁品越：《马克思主义哲学原生态基本纲领——〈关于费尔巴哈的提纲〉系统化新解》，载《河北学刊》2018年第1期。

又比如，学者卞绍斌指出马克思市民社会批判的目标指向是批判黑格尔和费尔巴哈哲学，而黑格尔和费尔巴哈都试图把现实的市民社会的分裂和矛盾加以"伦理式"解决，马克思正是基于这一理论从而重建一种新的哲学观。接着，作者指出，市民社会不仅包含经济意义上的财产权，而且伴随着对个体自由平等权利的承认和发展。在此意义上，市民社会批判不仅要从基础性的财产关系出发探寻未来的道路，而且必须对资本主义社会确立的"政治权利"做出回应。作者认为，这是马克思对市民社会超越和重建的重要环节。[①] 再比如，学者单提平认为，从历史语境中来说，难以说明新唯物主义的立脚点是一种未来社会，大致来说，可以理解为社会现实生活本身，但需要考察历史语境。之后，作者又从三方面论述了新唯物主义的立脚点：第一，新唯物主义扬弃了对人感性直观和对社会抽象观察的思维方式；第二，新唯物主义的立脚点重心在把握社会与人的辩证连接关系；第三，新唯物主义

---

① 卞绍斌：《从"市民社会"到"人类社会"——〈关于费尔巴哈的提纲〉第10条解读》，载《苏州大学学报》（哲学社会科学版）2011年第2期。

的立脚点是从现实实践维度中生成未来向度。[①]以上两种观点都涉及了马克思对市民社会的超越。前一种观点强调了"政治权利"在马克思对市民社会超越中的重要作用,后一种观点则将新唯物主义的立脚点置于社会现实本身之上。两种观点都有所创新,也都有所欠缺。

回到《提纲》文本之中,马克思从费尔巴哈的宗教批判讲起。《提纲》的第四条论述了费尔巴哈的宗教批判:他将宗教世界归结于其世俗基础,就是从彼岸世界拉回到此岸世界。而这里的世俗基础指的就是现实社会,当时的现实社会就是市民社会。市民社会中充满了分裂与矛盾,并且以私有制为前提,社会中充满了异化现象。面对这种市民社会,要想消除其中的种种矛盾,需要实践的介入以使之发生革命,最终目的是要消灭私有制存在的市民社会。而费尔巴哈又具有前文所论述的三大特点(抽象的人、空洞的思维与非革命的实践),所以正如《提纲》第九条所说的那样,费尔巴哈直观的唯

---

① 单提平:《从"立脚点"重思新唯物主义"新"在何处——〈关于费尔巴哈的提纲〉第10条的考辨》,载《山东社会科学》2013年第7期。

物主义只能直观到单个的人或市民社会，而无法看到实践的人，以及市民社会所迫切需要的革命的实践。所以必须通过批判费尔巴哈、清算其旧唯物主义才能建立关于革命的实践的理论，也就是新唯物主义。《提纲》中的第十条记载了马克思的实践目标，就是打破旧唯物主义立脚点的市民社会，从而建立全新的人类社会，成为真正社会的人类。在不久以后，这种目标就确定为共产主义，而立足于共产主义的学说就是新唯物主义，也就是辩证唯物主义。

7.对实践观的理解

在论述了马克思对费尔巴哈的三大清算，明确了马克思批判费尔巴哈的主要目的之后，就要将目光聚焦于《提纲》中的核心概念，同时也是马克思新唯物主义的基石——"实践"之上。由于《提纲》的笔记性质，所以马克思常常只做单方面的叙述，或只强调批判，或只论述原理。而我们需要做的，就是补全批判之下的原理，看到原理之外的批判。

自《提纲》问世以来，"实践"理论的研究一直是学术界讨论的重点，下面本文就以国内学术界的一些代表性研究成果为例，深入马克思的实践观之中。

（1）"解释世界"与"改造世界"。要探讨《提纲》中的"实践"概念，首先要面对的是第十一条笔记。马克思的这一条笔记可以说总结了前十条，并为之后的研究确立了方向。尤其是其中涉及"解释世界"与"改造世界"的问题，在学术界引发了不小的讨论与争议，争议的焦点集中在以往"哲学家们"的界定上。传统的观点是以田心铭老师为代表，将第十一条中马克思的表述理解为以往的哲学家们由于缺乏实践的观点，他们的不同的哲学学说不过是对世界做不同的解释，并没有涉及改造世界的内容。① 与此相异，有很多学者不赞同传统的解读方式。比如单提平认为，这里指称的"哲学家们"应该是对青年黑格尔派的一种嘲讽，当然也是对德国哲学传统的一种揶揄。同时指出，伦理道德维度就隐含在实践哲学本身中，这种至善就是全人类告别主奴关系的存在结构，真正达到人的解放和自由。② 赵家祥老师表示不认同有学者把全部哲学

---

① 田心铭：《"历史唯物主义的起源"——马克思〈关于费尔巴哈的提纲〉研读》，载《思想理论教育导刊》2010年第2期。
② 单提平：《"改变世界"的两个隐含维度——〈关于费尔巴哈的提纲〉第十一条的理解》，载《社会科学研究》2010年第4期。

分为两大类：一类是"解释世界"的哲学，另一类是"改变世界"的哲学，其中只有马克思主义哲学才是"改变世界"的哲学，而其他哲学都是只"解释世界"的哲学。赵老师通过马克思、恩格斯本人的论述和青年黑格尔派哲学的特点来证明："哲学家们"特指德国青年黑格尔派哲学家，他们实质上只是用不同的方式解释世界，而不敢用革命的实践的方式改变德国黑暗的现实世界。①

此外，赵敦华老师也指出，马克思、恩格斯从来没有说历史上的哲学家们只是解释世界，而没有改造世界。在《家族》中，已经肯定了英法哲学家在启蒙运动中巨大的社会作用。并指出在《提纲》中马克思得出了结论，即人类需要自觉完成的工作，就是历史上所有伟大哲学家共同追求的、把解释世界和改造世界统一起来的工作，马克思哲学的理论和实践就是这项工作的继续。②李嘉毅认为，第十一条笔记中的"哲学家"即便在最好的情

---

① 赵家祥：《如何理解〈关于费尔巴哈的提纲〉第十一条》，载《高校理论战线》2012年4月。
② 赵敦华：《走向马克思的德国唯心论的"四乐章"——读〈关于费尔巴哈的提纲〉》，载《北京大学学报》(哲学社会科学版) 2015年第3期。

况下也不过是用多少有些歪曲了的思想形式去"理解""反映"现实的人,并且,这种"解释"从来就不会导致共产主义革命必要性的结论。也就是说,这种"解释世界"是以对现存世界的认可和承认为前提的。这种"解释",就是为它的存在寻找理由。显然,在第十一条笔记中,哲学家同共产主义者是根本对立的。可以将这条笔记诠释为:哲学家们仅仅用各种方式直观或承认现存世界,而关键却在于,应当拒绝承认这个世界并去彻底改变这个世界。[1]还有学者提出,《提纲》中的"改变世界"有其特定的问题语境——对于现存世界应持辩护态度还是根本否定立场,怎样才能实现对现存世界的根本否定。所以,对"改变世界"的解读不能离开这一特定的问题语境。而在"改变"的历史方位和实现方式上,马克思的"改变世界"与其他种种社会主义和共产主义学说也有着明显的区别。解读"改变世界",有必要越出"哲学"的学科边界,进一步考察其"批判的"经济学和"科学的"社会主义

---

[1] 李嘉毅:《试析〈关于费尔巴哈的提纲〉主题思想进展的螺旋式结构》,载《东岳论丛》2009年第12期。

之意蕴。①

可以看出，传统观点是将解释世界的"哲学家们"看作马克思之前的所有哲学家，而一部分与此相异的观点则是认为这里的"哲学家们"是特指青年黑格尔派和费尔巴哈。

（2）实践的内涵。辨析完第十一条笔记的含义之后，就要分析《提纲》中"实践"概念的具体含义。学界对于实践的具体内涵有过激烈的争论，大致看来，可以分为以下几种观点。

第一种解释，是传统教科书对实践的解释。

黄楠森先生认为，《提纲》不仅把实践引入认识论，还发现了实践在社会历史中的基础地位，实践观与历史观得以结合。打开了唯物主义历史观的大门，彻底克服了旧唯物主义认识论的局限。但这并不意味着把实践置于本体论地位。②庄福龄先生指出，《提纲》确立了科学的实践观，揭示了社会生活的实践本质，阐述了社会实践是历史发展的动

---

① 刘召峰：《"改变世界"：特定的问题语境及其内涵的拓展与深化——对〈关于费尔巴哈的提纲〉第十一条的解读》，载《河北学刊》2010年第1期。
② 黄楠森等主编：《马克思主义哲学史》第1卷，北京出版社1991年版。

力。揭露了旧唯物主义的缺陷，表明继对青年黑格尔派的清算之后，开始了对费尔巴哈哲学的清算。①顾海良老师也明确提到，《提纲》规定了实践的科学含义，把实践看作马克思主义哲学区别于以往旧哲学的根本特征。②综合来看，可以用一句话来表述：《提纲》确立了科学的实践观，打下了新唯物主义的地基。

第二种解释，是将实践理解为抽象的实践。

比如学者何中华对传统教科书的观点提出了质疑，他认为作为逻辑起点范畴的实践本身必然是抽象的。作为本体范畴的实践本身是抽象的而非历史的，它不能也不应成为某一特定历史维度上的相对和有限的规定。实践范畴不仅有作为一般本体起点范畴所应有的优点，即潜在地包含着一切未来的可能性，从而成为"大全"意义上的展开和完成的内在理由与根据。而且有作为人的此在性的优点，正是这一点才内在地包含了真实的历史性要求。这才

---

① 庄福龄主编：《简明马克思主义史》，人民出版社 2004 年版。
② 顾海良主编：《马克思主义发展史》，中国人民大学出版社 2009 年版。

是马克思的独特贡献。[①]这种抽象的实践观也是基于作者"实践本体论"的观点。他认为,实践之所以具有本体论的含义,取决于它作为人的存在方式所固有的开启性。在实践这一原初性范畴的展开中,一切可能的存在者"是其所是",即显示并证成自身。按照"能指"与"所指"的划分,作为本体范畴的实践是在"能指"意义上成立的。"从主观方面去理解"所昭示的乃是非外在式地看待事物的本然的观察方法,亦即"回到事情本身"。在马克思的语境中,对于作为人的实践性存在的展现方式的历史的把握,是一种反身性的内在的"体认"。这是马克思关于人的存在的现象学建构的独特角度。而实践唯物主义之所以具有里程碑的意义,就在于它给出了现实批判的合法性,从而使"改变世界"的要求获得了一个理论上的解决。[②]这一观点很具有代表性,代表了学界"实践本体论"的观点。

---

[①] 何中华:《论马克思实践观的本体论向度——重读〈关于费尔巴哈的提纲〉》,载《河北学刊》2003年第4期。
[②] 何中华:《实践唯物主义的奠基之作——再度〈关于费尔巴哈的提纲〉》,载《东岳论丛》2006年第3期。

而刘福森则论述到,《提纲》里讲的"实践"还是一个抽象的实践,而不是一个现实的(社会历史的)实践。因为在《提纲》中讲的实践,仅仅是一个包含了人的主体性、能动性的"感性活动"概念,"主体性""能动性""感性活动"正是对"实践"的一般属性的抽象。[①] 笔者并不认同这种观点。《提纲》中的实践并非抽象意义上的实践,而是立足于现实社会的革命的实践,《提纲》第三条已经明确指出了。如果要以《形态》中的"实践"概念来反观《提纲》中的"实践"概念,这种比较方式是有问题的。马克思的思想始终处在发展之中,从《提纲》到《形态》是一种很自然的发展深化过程,应该将《提纲》置于马克思主义发展史的历史进程中去考察某一概念,而不能颠倒思想发展的历时性顺序。

第三种解释,是将实践理解为现实的实践。

比如日本学者木村博认为,从内在来看,可以说马克思继承了费希特实践的概念。"马克思的实

---

① 刘福森:《新世界观的"纲领"还是"萌芽"？——对马克思〈关于费尔巴哈的提纲〉的重新解读》,载《西南大学学报》(社会科学版)2016年第3期。

践概念是以物质生产活动作为社会活动的基轴,费希特的实践概念是以主体与客体的动态联系为原理基础,不能说这两者是完全同一的"。但是,马克思通过人的实践发展了主客体的动态关系,在这一层面上,马克思实质性地吸收了费希特的成果。[①]这一观点重点从费希特对马克思实践观形成的影响入手,具有一定的道理。但是,还应该看到,马克思的实践概念有其对以往哲学实践观的超越之处,不是简单的借用关系。

回观国内学界,比如学者赵常林指出,凡是在《提纲》中讲到"实践""人的感性活动""革命的实践""革命的、实践批判的活动"的地方,在《形态》中则表现为工业和商业、物质生产和物质交往、生产和交换方式、感性劳动,等等。因此,马克思在《提纲》中提出的实践就是指生产实践,而非其他。[②]赵老师通过《形态》中的论述来观照《提纲》中的时间概念,将实践限定在物质生

---

[①] [日]岩佐茂、小林一穗、渡边宪政编:《〈德意志意识形态〉的世界》,梁海峰等译,北京师范大学出版社2004年版,第59页。
[②] 赵常林:《〈关于费尔巴哈的提纲〉中"实践"概念的内涵》,载《学习与研究》1981年第4期。

产实践。而赵家祥老师认为第一条是《提纲》的总论，只有能够直接使现实事物发生改变的客观的物质活动，才是实践活动，不能直接引起现实事物改变的活动，都不能算是实践活动。新唯物主义，即马克思创立的唯物主义，不仅把对象、现实、感性当作认识的对象，而且当作实践的对象、改造的对象。① 笔者比较认可赵家祥老师的观点，真正的实践一定是直接作用于现实，而且改变了现实的。与此相类似，李毅嘉认为，从马克思写于《提纲》之后的许多著作来看，"实践"概念大致可分为两个层次：基础层面的"实践"指人对自然的关系，即人们改造自然的物质生产活动；较高层面的"实践"指人们之间的社会交往和社会关系，这是在物质劳动中形成的。显然，第一种实践关系是第二种的基础。后一种实践关系主要涉及生产关系（或阶级关系）以及政治斗争的领域。对实践概念的这两个层面的依次展开，便构成了《提纲》第一条笔记自身的一个准圆圈状运动。这个"革命的、实践批判的活动"是整个《提纲》的主题和灵魂。用黑格

---

① 赵家祥：《马克思〈关于费尔巴哈的提纲〉导读》，载《贵州师范大学学报》（社会科学版）2011年第6期。

尔"圆圈论"的语言来说，共产主义革命作为最高类型的感性活动，是《提纲》这个大圆圈的出发点和终点。[①]作者分两个层次来理解《提纲》中的实践概念，尤其是指出"革命的、实践批判的活动"是整个《提纲》的主题和灵魂，笔者十分赞同这一观点。此外，张明也从现实的社会物质生产的角度来理解实践，认为《提纲》中实践的革命性、批判性意义，不能仅仅基于《提纲》的孤立文本和单一性哲学视角加以把握，而必须拓展到《形态》中建立在生产力与交往形式内在矛盾运动基础上的现实社会物质生产性实践活动加以理解。《提纲》中实践的革命性，主要体现在经济学研究基础上得出的作为实践概念进一步细化的、具体的、历史的社会物质生产活动对于社会历史发展的基始性作用的科学考察之中，其革命性对象是资产阶级社会及其意识形态，其革命的动力直接源于生产方式内在矛盾基础上的物质生产活动。[②]总体来看，这几种观点

---

① 李嘉毅：《试析〈关于费尔巴哈的提纲〉主题思想进展的螺旋式结构》，载《东岳论丛》2009年第12期。
② 张明：《从哲学思辨到现实矛盾：马克思实践概念革命性维度的再思考——历史唯物主义范式下的〈关于费尔巴哈的提纲〉解读》，载《河北师范大学学报》（哲学社会科学版）2014年第3期。

都强调要将《提纲》中的实践与《形态》中的实践联系起来考察，这样才能更准确地把握《提纲》中的实践概念。

此外，也有些学者从主客体统一的层面去理解实践概念。比如孙伯鍨先生认为，马克思的实践范畴是指在一定社会关系形式下实现的人和物、主体和客体相统一的能动的生活过程。它既是能动的，也是受动的；既是自由的，也是必然的，是"定在中的自由"，必然中的选择。对马克思来说，实践不仅是不同于人的单纯思想活动的感性活动，更重要的是这种活动同时是受人之外的客观物质条件的制约和决定的。抽去了这一点，就不是马克思主义的实践概念。所以，马克思的实践概念是从人们的物质生产活动和现实生活关系中抽象出来的，因而它内在包含着人对自然界以及人对社会的双向互动关系。[①] 与此类似，安启念也从"活动与受动"这两个维度来理解实践概念的。他对国内盛行的片面强调人主体能动性的"实践唯物主义"风潮进行了批判，认为根据《提纲》第一条可以发现，马克思

---

① 孙伯鍨：《马克思的实践概念——纪念〈关于费尔巴哈的提纲〉写作150周年》，载《哲学研究》1995年第12期。

是在批判旧唯物主义和唯心主义的基础上来建构实践概念的，不能忽略其对唯心主义的批判。也就是说，马克思的实践概念是活动与受动的结合。活动是人对外部世界的能动改造，受动是外部世界对人的作用。这表明马克思的实践既不是只突出人的主观能动性，还强调外部世界对人的制约。[①]可以看出，安启念认为马克思的实践实际上是一种主客体统一的状态，不可片面强调任何一个方面。此种观点比较客观地理解了马克思的实践概念。

第四种解释，是从政治经济学的角度解释实践。学者张一兵的观点在此类观点中较有代表性。张一兵认为，马克思第二次重大的思想转变，科学方法论的确立并不仅仅是哲学逻辑的单向度进展结果，而是一个复杂的理论建构的产物。在这个总体研究视域中，最重要的是马克思自己的经济学进展。《提纲》中的实践观就是从狭义的经济学语义上"工业"向一般的"社会的物质活动"的总体——"实践"的过渡。有着具体的、历史的和现实的社会物质发展基础的实践，才是马克思新世界

---

① 安启念：《〈关于费尔巴哈的提纲〉第一条思想再探索——兼评我国实践唯物主义思潮的实践观》，载《高校理论战线》2011年第6期。

观的真正起点。马克思新唯物主义的实践规定，不是形成于简单的抽象的哲学演绎，而是丰厚的社会经济历史积淀的结果。[①] 汤建龙的观点与这一观点一脉相承，认为马克思在《提纲》中所强调的"实践"，并不是一种一般意义上的哲学理论的承接，而主要是基于他当时在经济学研究中的理论进展。具体来讲，马克思在《提纲》中所强调的"实践"是：一种基于经济学意义的，具体的、历史的、以现实的社会物质发展为基础的实践活动；一种不同于前工业社会的实践活动的现代性的、工业性的物质实践活动；一种真实地对现实进行批判的革命性的活动；对《评李斯特》中工业力（生产力）和交往关系的整合，由此也超越了赫斯和马克思先前自身的理解；一种对经济学的哲学提升，即是从狭义的经济学意义上的特殊的"工业"向一般的"社会的物质活动"的总体——"实践"的过渡。[②] 应该说，这是对张一兵观点的进一步阐释。这一观点为研究

---

[①] 张一兵：《实践：在何种意义上成为马克思科学方法论的基石——经济学视域中的〈关于费尔巴哈的提纲〉》，载《学习与探索》1998年第6期。
[②] 汤建龙：《〈关于费尔巴哈的提纲〉中"实践"的真实含义》，载《唯实》2007年第2期。

"实践"范畴提供了另一种路径,应当值得重视。

与此相类似的观点还有很多。比如学者张早林也从经济学的角度解读了"实践"概念。他认为,实践概念在马克思历史唯物主义形成中的基石性意义在于科学地解决了主体性与现实性的分裂问题,使其在物质生产中达到了统一;在于科学认识论的形成以及"社会关系"这一直接导致历史唯物主义出现的思想的提出。作者认为,马克思是通过对资产阶级政治经济学的批判性解读而得到《提纲》中实践概念的,借助于科学的实践范畴马克思才得以走向历史唯物主义的道路。[①] 又比如姜涌认为马克思当时的语境主要是政治经济学,即褒扬劳动主体性,马克思只是批判了资本主义社会中的劳动异化现象,而不是为了建构唯物史观,唯物史观只是"副产品"。《提纲》第一条的深意在于从劳动主体性出发批判资本主体性。资本主义社会的劳动存在正是在《提纲》第一条所强调的那种具体的、历史的和现实的社会物质发展基础上的现代实践,这也

---

① 张早林:《实践,何以成为马克思哲学新视界的基石——对马克思〈关于费尔巴哈的提纲〉中"实践"概念的经济学解读》,载《兰州学刊》2005年第1期。

是马克思新世界观的真正逻辑起点。[①]应该说，这两种观点与实践的"物质生产说"类似，从经济政治学的角度赋予了实践以一种生产意义。

除了以上几种解释，还有一些学者也对实践给出了自己的理解。比如孙熙国老师从中国哲学的角度去理解马克思的实践范畴。孙熙国老师将马克思的"实践"概念概括为三个认识和把握世界的环节，即知道—成道—行道。"知道"是从主体方面去理解对象；"成道"是认识和把握物质世界的本质和规律，将其推进到对自然、社会和个体范畴的考察分析，实现认识对象与人的内在性的统一；"行道"则是把客观世界的规律对象化于改造世界的过程中，"不仅是解释世界，而且要改造世界"[②]。这一解读模式力图超越"以西解马""以苏解马"和"以马解马"的模式，更加强调以中国传统文化去解读马克思的思想，更加注重中国哲学与马克思主义哲学的对话，因而也更具本土理论意识，极具启

---

① 姜涌：《马克思劳动主体性的正义坐标——〈关于费尔巴哈的提纲〉第1条新解读》，载《山东社会科学》2015年第4期。
② 孙熙国：《马克思主义哲学与传统哲学的对话》，载《北京大学学报》（哲学社会科学版）2007年第6期。

发性。

又比如学者陶胜先认为实践是三种活动的有机统一。他首先对哲学界关于"实践"概念的研讨进行了总结，并针对这种不一致提出了自己的观点。在哲学界，有的同志认为《提纲》中的"实践"就是指革命实践；有的同志认为"实践"就是生产实践。他认为这两种意见都没有完全概括《提纲》中"实践"概念的内涵，并对此谈了几点看法，认为"实践"主要是生产劳动，同时"实践"又是革命运动（或革命的阶级斗争），另外"实践"还包括科学活动。这三种活动的有机统一，构成了社会生活的本质。① 与此观点相似的比如程广丽认为，在理解"实践"概念的时候，需要把《提纲》的第一条与第六条和第十一条结合起来理解，通过综合考察，可以发现《提纲》里有三个要点和关键词：实践（第一条）、社会关系（第六条）和革命（第十一条）。在马克思看来，实践就是社会关系的革命性实践；社会关系是贯穿于革命性实践当中的社会关系；革命是以实践为基础的社会关系的革命。

---

① 陶胜先：《〈关于费尔巴哈的提纲〉中"实践"概念内涵的初探》，载《安徽大学学报》（哲学社会科学版）1983年第4期

从第一条到第十一条共同构成了马克思此时的思想主旨。①这一观点则是强调不能忽视实践概念的社会关系维度与革命维度，要在三者的统一之中来理解实践，笔者比较认同。再比如学者王洪波认为，《提纲》中的"实践"概念主要包括几个层面，即本体论层面的"实践"、方法论层面的"实践"和价值论层面的"实践"。其中本体论层面为根基，方法论层面为路径，而价值论层面为指向依据文本，马克思在阐发"实践"概念的过程中，"主体方面""革命的""实践批判的"和"改变"等词也频繁出现，这表明马克思"实践"概念出场的价值层面意涵是"显性的"，而本体论和方法论层面的内涵是"隐性的"或"潜在的"。也就是说，哲学的解释世界固然重要，但最为重要之处在于以哲学的理论激起"现实的人"的革命性，并通过"实践"活动改变世界。②这一观点从本体论、方法论和价值论的层面来综合考察实践概念，具有一定价

---

① 程广丽：《实践、社会关系与革命：〈关于费尔巴哈的提纲〉的思想解读》，载《河海大学学报》（哲学社会科学版）2014年第3期。
② 王洪波：《马克思实践辩证法的"主体革命性"意蕴——以〈关于费尔巴哈的提纲〉的三条文本为研究中心》，载《江汉论坛》2018年第6期。

值。以上几种观点都有所创新，丰富了学界对《提纲》中实践概念的理解。

回到马克思的文本，《提纲》第十一条明确指出，这里的"实践"就是在市民社会层面发生的改变世界的活动。马克思所谓的"哲学家只是用不同的方式解释世界，问题在于改变世界"[①]，核心是强调自己不是一般意义上的"哲学家"，而是改变世界的革命者。紧扣"关于费尔巴哈"这一题目，可以看出这里的"哲学家"指的就是以费尔巴哈为代表的旧唯物主义者以及空谈思辨的青年黑格尔派，他们只是通过不同的方式解释了世界，但都没有看到革命的实践。而当下所迫切需要的是足以改变世界的革命实践，这种立足现实社会，以改变世界为目的的革命的实践活动，正是《提纲》中"实践"概念的具体所指。马克思的这份笔记通过批判以费尔巴哈为代表的旧唯物主义，从而为确立新唯物主义扫清了障碍，而新唯物主义的确立就是为了能够更有效地实践。

（3）对实践观的理论定位。明确了实践的具体

---

① 《马克思恩格斯文集》第1卷，人民出版社2009年版，第502页。

内涵，接下来就要考察一下学界对实践观的理论定位。

第一种观点是将实践观视为认识论，这也是学界的主流观点。学者陈长畅认为，马克思在《提纲》中强调革命实践的意义，第一次明确表述了实践在认识中的作用，将它导入认识论，奠定了辩证唯物论认识论的基础。并且，马克思在《提纲》中强调了实践是认识的基础和真理的标准。[①] 学者胡耐生在逐条分析《提纲》的基础上，比较系统地总结了马克思主义的实践观点。他认为实践是认识论的基础，实践是检验真理的标准，实践是历史唯物主义的基础，在《提纲》中理论与实践达到了互相统一。[②] 学者康祥生提出马克思主义实践观的产生和发展，经历了一个过程，并就这个问题做了一些研究，他认为这一实践观包括三个方面：马克思把实践观点引入认识论，奠定了唯物辩证主义的基础；马克思运用实践观点研究社会历史，奠定了历

---

① 陈长畅：《略论马克思主义实践观的创立与发展》，载《中山大学学报》1979年第2期。
② 胡耐生：《马克思〈关于费尔巴哈的提纲〉中的实践观点》，载《岳阳师专学报》1980年第1期。

史唯物主义的基础;马克思从实践的观点出发,阐明了马克思主义哲学的根本特点和历史使命。[1]学者孙伯鍨、侯惠勤认为,在《提纲》中,马克思主义的科学实践观基本制定出来了。《提纲》以唯物辩证的实践宣告了新唯物主义的诞生,以革命实践的观点批判地克服了费尔巴哈消极、直观的人本唯物主义,使实践范畴进入了历史观,进入了认识论,实现了在历史观和认识论上的革命变革。[2]学者文大稷、秦在东认为,马克思主义哲学不仅把实践的观点引入认识论中,更重要的是发现了实践在社会历史中的基础地位。因此,实践是认识的源泉,实践是检验真理的唯一标准,实践是历史发展的基础,实践是马克思主义哲学的出发点和立足点,实践是马克思主义哲学形成的理论基石。[3]不难看出,以上几种观点都认为在《提纲》中,马克

---

[1] 康祥生:《马克思主义实践观的历史发展——从〈关于费尔巴哈的提纲〉到〈实践论〉》,载《江西社会科学》1983年第2期。

[2] 孙伯鍨、侯惠勤:《马克思主义哲学的历史和现状》,南京大学出版社2004年版,第92页。

[3] 文大稷、秦在东:《实践的观点是马克思主义哲学的理论基石——再读马克思〈关于费尔巴哈的提纲〉》,载《社会主义研究》2010年第3期。

思把实践的观点引入了认识论，指出实践是认识论的基础。

除此之外，还有一些学者从其他角度来分析《提纲》中的实践观，虽然与以上观点略有不同，但仍旧属于认识论层面。比如学者李晓东认为实践具有世界观与认识论两个层面。作者认为，马克思从两个层面使用了"实践"概念，第一个层面是从世界观意义上使用这一概念的，它是指人能动地改造客观世界的活动，是人所特有的对象性活动；第二个层面是从认识论意义上使用的，它是认识的来源和基础，是检验认识真理性的唯一客观的标准。[1]可以看出，在作者看来，这两个层面的"实践"概念在本质上具有一致性，但同时又有所区别。

第二种观点是将实践视为本体论。比如学者何中华认为，马克思确立的实践观点构成了《提纲》的核心问题。实践在《提纲》中并不是一个狭义的认识论或历史观的范畴，而是构成当时及后来马克思的整个哲学观的奠基石和基本视野，因而具有本体论的性质。在这个意义上，《提纲》事实上标志

---

[1] 李晓东：《全面理解马克思的实践观——兼与王金福先生商榷》，载《唯实》1998年第8期。

着马克思"实践的唯物主义"立场的真正确立。并指出，马克思主要是通过四个层面确立其本体论意义的实践观的：第一个层面是由"物质"到"实践"，也就是哲学逻辑起点的重建；第二个层面是对"抽象的个人"进行批判，即回到历史本身；第三个层面是以实践为基础扬弃人的存在及其历史的二律背反，即实践唯物主义的真谛；第四个层面是由"说"回到"做"，即哲学观的历史性转变。作者还指出，《提纲》的一个最为重大的贡献在于对旧唯物主义的物质范畴进行了彻底改造，确立了实践的本体论地位。[①]作者将马克思的实践概念提到了本体论的高度，虽然比较新颖，但能否立得住脚还值得商榷。

第三种观点是将实践视为主体论。比如学者冯景源就认为，马克思论证自己的实践范畴是要解决同直观性不同的能动性的，即哲学的主体性问题，这就是实际与主体性的关系问题。这里的关键是对实践和主体性关系的理解。作者认为，在马克思这里，实践是人的感性活动，这种主体能动性是对

---

① 何中华：《论马克思实践观的本体论向度——重读〈关于费尔巴哈的提纲〉》，载《河北学刊》2003年第4期。

人的感性活动的一种科学规定。马克思之所以将实践范畴与主体性联系起来，与马克思对主客体理论的三次批判逐渐深化有关，即从《黑格尔法哲学批判》到《手稿》，再到《神圣家族》的三次对黑格尔主体理论的批判。他指出，为了正确理解马克思的实践范畴，必须把握以下三点：第一，为了提高实践范畴的品格，马克思同费尔巴哈不同，他把实践同理论作为同级的范畴来看待，第一次明确表述了唯物主义的理论和实践的关系。第二，作为内容来说，实践主要是指人们社会生活中的感性活动，从而为唯物主义向上的发展提供了入门的钥匙。第三，是马克思把理论同实践进行比较，考察它们在历史发展中的作用，这是最重要的一点。[①]作者将实践视为主体论，强调实践概念的主体性，应当说这种观点是有一定道理的。与此相似，朱宝信也论述了实践的主体性原则。他认为，马克思哲学的基本原则是主客体相互作用、对立统一的实践原则，而在实践这一哲学范畴的内部，在主客体的相互关系中，则又是以其主体性原则为特色的。客体作为

---

① 冯景源：《试析〈关于费尔巴哈的提纲〉中的实践范畴及其意义》，载《求索》1991年第2期。

唯物主义长期坚持的客观实在性的载体，在人的实践活动中，其客体性就呈现为主体显示其主体性特征的对象或基础，虽说没有这个对象或基础，主体性就无从体现，但在人的实践中，客体性以客观实在性为依托，转而变为由主体作用和改造的对象性或待规定性。这一规定保留了其客观实在性的原本含义而不带有客体性原则的色彩。[①] 应该说，马克思的实践观是主客体相统一的，片面强调其主体性是不符合马克思原意的。

第四种观点是将实践视为存在论。比如学者单提平从文本意义和历史意义上的生态视角，也即历史与自然相互交织作用的视角来考察《提纲》的第一条。他认为，费尔巴哈通过神学的批判瓦解了超自然和自然的对立，马克思则进一步通过实践的存在论瓦解了历史与自然的对立，开创了在实践基础上解决人与自然矛盾的新生态视角。[②] 同样将实践做存在论解释的还有王虎学，他认为，《提纲》标

---

① 朱宝信：《实践的主体性原则及其客体性基础——马克思〈关于费尔巴哈的提纲〉研究》，载《山东社会科学》1996年第2期。
② 单提平：《历史的自然与自然的历史——从〈关于费尔巴哈的提纲〉第1条看唯物史观的生态视角》，载《山东社会科学》2015年第4期。

志着马克思"实践"理论框架的形成。"实践"的存在论意蕴为马克思的"社会"概念提供了崭新的思想和坚实的理论基础,而立足于现实生活之上的实践哲学本身为我们认识"全部社会生活在本质上是实践的"提供了重要的方法论启示。只有领悟到"社会"意味着"实践","实践"是"社会"之根,才能真正理解马克思所说的"新唯物主义的立脚点是人类社会或社会化的人类"这一重要论断。[①]这里作者更是从"实践"与"社会"的关系层面加以考察,有一定合理性。

此外,还有学者从其他角度来定位实践范畴。比如高清海认为,马克思的实践观点是一种新的生活方式、说话方式和思维方式,即无产阶级作为历史实践主体的生活方式、以言行事为旨趣的说话方式、以实践改变世界为目标的思维方式。马克思用实践观点的思维方式理解事物、现实和人本身,把包括哲学认识在内的一切意识形式看作历史的实践的结果,终结了西方传统哲学思维方式的有效性,

---

① 王虎学:《"社会"的实践之根——论〈关于费尔巴哈的提纲〉中的"社会"概念》,载《中南民族大学学报》(人文社会科学版)2009年第3期。

完成了对传统哲学观的颠倒。[1]张传华也持同样的观点，认为实践是造成思维和存在对立，同时又实现二者统一的总根源和唯一途径。所以，马克思在《提纲》中才以实践的思维方式去理解和把握思维和存在的对立统一。[2]这类从思维方式的角度来理解实践的观点还有许多，此处不一一列举。

应该说，在马克思的新唯物主义中，实践是不能上升到本体论地位的，本体永远是物质。而实践的前提恰恰是物质，实践本身就是对物质世界认识与改造的过程，所以将实践观引入本体论的观点是不恰当的。在马克思的新唯物主义中，实践是认识的基础，认识就是以实践为基础，主体对客体的能动的反映。马克思新唯物主义的认识论是建立在实践基础上、能动的革命的反映论。所以，我们应该从认识论的角度来定位马克思的实践观。

### 8.《提纲》与马克思的哲学变革

通过以上论述，可以看出学界从不同的维度对

---

[1] 高清海、孙利天：《马克思的哲学观变革及其当代意义》，载《天津社会科学》2001年第5期。
[2] 张传华：《哲学思维方式的根本变革——读马克思〈关于费尔巴哈的提纲〉》，载《山东社会科学》1999年第4期。

《提纲》中的具体问题做出了比较充分的研究。接下来就要回归马克思所创立的新唯物主义,也就是所谓的哲学革命,来考察一下学界对于《提纲》与马克思哲学变革关系的研究。这一部分可以分为两个层面,其中一个层面是关于马克思的哲学革命;另一个层面是从整体上来考察马克思的新哲学,也就是实践唯物主义、历史唯物主义以及辩证唯物主义三者的关系。

(1)马克思的哲学革命。学界对这场哲学革命的出场方式做出了不同的论述。

比如学者高清海认为,世界观的变革根本上是哲学思维方式的变革,而马克思实现的哲学变革则首先和根本是哲学思维方式的转变。实践观点作为新的哲学思维方式,就表征着人的观点的变化。而随着人的观点的改变,有关人对世界的关系、世界对人的性质等种种观点也发生着根本性的变化。马克思所关心和注重研究的是人的历史的生成和人的现存世界及其未来发展的问题,由此,马克思实现了社会理论的变革,也就是科学社会主义的产生。社会理论的变革在根本上也就是世界观的变革、哲学思维方式的变革。[1]可见，作者将马克思的哲学革命归根于哲学思维方式的革命。又比如学者任平主张，马克思哲学革命的发生与马克思现代性视域的变革以及资本现代性批判三者之间存在着不可分割的内在关联。在他看来，马克思哲学批判从一开始就不是孤立的哲学行动，而是资本现代性的世界历史进程的哲学表现。马克思对旧形而上学的深刻变革和新哲学世界观的出场原因可能是多样化的，但是其中最重要的，只能是对资本全球化过程中的资本现代性的批判。而《提纲》就是一个通过批判大写的人和大写的理性、颠覆旧形而上学和发动哲学革命而彻底回应对资本现代性世界历史批判需要的文本。[2]任平将对资本现代性的批判置于马克思哲学革命出现的核心地位，这种说法是不太妥当的，资本现代性的提法本身就值得商榷，更何况将其认定为《提纲》的写作目的就更为不妥。再比如学者夏建国则认为，马克思新唯物主义哲学的诞

---

[1] 高清海:《哲学思维方式的历史性转变——论马克思哲学变革的实质》，载《开放时代》1995年第6期。
[2] 任平:《马克思哲学革命出场的现代性路径——〈关于费尔巴哈的提纲〉诞生160周年后的新解读》，载《江海学刊》2005年第3期。

生，结束了哲学发展史上外在式否定的发展模式，其思维方式是"主体思维""实践思维"，其表述方式称为"我"做（实践）故我在，"我"在世界在，其哲学形态可以表述为"主体唯物主义"。[①]这种"主体唯物主义"作为一个概念范畴究竟是否合适，还值得进一步探讨。

此外，学者刘怀玉认为《提纲》第十一条所表达的就是一种坚决告别纯粹的哲学意识形态，从而走向现实历史科学视野的决心。[②]在鲁克俭看来，马克思真正进入唯物史观视域的关键一步，是在纷繁的历史现象中抓住了动态实践这一环节。马克思唯物史观的创立，蕴含着对西方自巴门尼德以来的本体论及其理性主义传统的内在颠覆。我们从马克思创立唯物史观的内在理路中，解读出作为其思想背景的对西方传统主客二分的超越。[③]陈剑涛认为，《提纲》对于哲学的革命表现在许多方面，其

---

① 夏建国：《马克思哲学是主体唯物主义——〈关于费尔巴哈的提纲〉的启示》，载《江汉论坛》2001年第9期。
② 刘怀玉：《马克思哲学革命关键环节的历史原象——从〈未来哲学原理〉到〈关于费尔巴哈的提纲〉》，载《河北学刊》2006年第6期。
③ 鲁克俭：《超越传统主客二分——对马克思实践概念的一种解读》，载《中国社会科学》2015年第3期。

中有一个根本的基点是其核心,即实践的观点。他认为,马克思非常强调实践在人们认识中的作用、在社会生活和社会发展中的作用,并且强调用革命的实践去改造世界,这是马克思主义哲学和以前一切哲学的根本区别之点。① 吴苑华认为,马克思新唯物主义的"新"在"从实践出发"能动地理解对象、感性和现实,而以往唯物主义的"旧"是因为自古以来的唯物主义只懂得"从客体出发"直观地把握它们。主张用实践唯物主义定义马克思的新唯物主义,而不是其他类型的唯物主义。② 学者何中华认为,马克思的本体论思想就在实践的基础上实现了哲学的逻辑建构特征同哲学的功能性特征的内在统一。这也是马克思哲学不同于、优越于以往哲学的地方。从一定意义上说,由"说"回到"做",也就意味着哲学的性质实现由认识论到本体论的转变。因为把哲学当作"解释世界"的工具或方式时,哲学也就被预设为一种认识论或知识论的形态

---

① 陈剑涛:《论〈关于费尔巴哈的提纲〉的哲学革命与当代价值》,载《江西社会科学》2008年第2期。
② 吴苑华:《由辩证唯物主义、历史唯物主义走向实践唯物主义——重新理解马克思的"新唯物主义"之本质内涵和真精神》,载《理论探讨》2015年第6期。

了。如此一来，它只能是对这个世界进行一种旁观式的认知，而不可能超越或消解主体与客体之间关系的二元性。这也正是以往旧唯物主义和唯心主义难以逃避的共同缺陷。倘若把整个哲学视野建立在实践（"做"）的基础上，就为超越主客二元关系提供了前提，从而为一元论的本体论的建构奠定了逻辑预设。[①] 学者周世兴认为，对马克思哲学做出基于"新唯物主义"原则的新阐释，是创新和发展马克思主义哲学应有的致思方向。马克思的"新唯物主义"以"人类社会"为立脚点、以"感性活动"为解释原则、以"改变世界"为根本宗旨，其本质意涵有三："真正批判的世界观"即"唯物主义世界观"，"实践的唯物主义"即"共产主义的唯物主义"，"合理形态"的辩证法即"否定的辩证法"。[②]

总体来看，以上观点都强调了马克思实践观点的超越性，有的是对纯粹哲学的超越，有的是对传统主客二分的超越，还有的是从本体论的角度对传

---

① 何中华：《论马克思实践观的本体论向度——重读〈关于费尔巴哈的提纲〉》，载《河北学刊》2003年第4期。
② 周世兴：《论马克思"新唯物主义"的三重意蕴》，载《西北师大学报》（社会科学版）2017年第3期。

统哲学的变革，应该说都有一定的道理。

同时，刘怀玉从费尔巴哈的《未来哲学原理》出发，来考察马克思哲学革命的关键环节。他认为马克思是一位正在浏览费尔巴哈《未来哲学原理》的批判者。并通过详细地文本对比，分析了费尔巴哈《未来哲学原理》与《提纲》的对应关系，来证明《提纲》在对《未来哲学原理》的批判的同时建构了马克思的"未来哲学原理"。[①] 作者对《未来哲学原理》的分析具有一定的启发性，但是将《提纲》的写作假定为针对某一作品而作显然有悖于马克思的原初思想。《提纲》的出现，或者说马克思哲学革命的出现是既是时代的要求，也是马克思本人思想发展的必然结果。应该从历史维度与马克思的思想维度出发来探究《提纲》写作的原因，而不能将其现定于针对某一种思想或著作。

此外，学者金寿铁将研究焦点置于布洛赫对《提纲》的解读之上。他通过分析布洛赫对《提纲》第十一条的细致解读，指出《提纲》第十一条的重大意义在于，这一命题不仅指向未来，描画了人类

---

① 刘怀玉：《马克思哲学革命关键环节的历史原象——从〈未来哲学原理〉到〈关于费尔巴哈的提纲〉》，载《河北学刊》2006年第6期。

梦寐以求的新大陆——"自由王国"的前景，而且指出了到达这个新大陆的新的哲学思维。也就是说，《提纲》第十一条是马克思主义的真正发祥地。马克思不仅仅是以现实的可能性或尚未实现的东西为前提，而是以这一现实可能性的实现为前提，即把当下革命主体的精神、意志、情绪的力量的张力用作实现这个尚未存在的东西，从而在现存的现实与应该付诸实现的期望的潜力之间，努力发挥个体的革命能动性。[1]应该说，作者主要还是以阐释布洛赫的理解为主，但是为我们研究《提纲》提供了一个新的视角，具有一定的启发性。对于布洛赫《提纲》解读的批判，还有学者指出，布洛赫紧紧扣住劳动、异化和实践概念，把马克思与费尔巴哈人本主义的"决裂"演绎为从"抽象的人本主义"走向"具体的人本主义"的过程。这样一来，整个马克思主义哲学革命都只不过成了人本主义逻辑的内部演进，而不是一种格式塔式的根本变革。布洛赫所做的工作直接关涉对马克思哲学革命本质

---

[1] 金寿铁：《"改变世界"的新哲学及其文化遗产——布洛赫对〈关于费尔巴哈的提纲〉命题 11 的解读》，载《中国社会科学》2010 年第 3 期。

的理解问题。[①]文章对布洛赫解读的"反解读"是比较精确的,一针见血地指明了布洛赫对马克思的"误读"。

(2)实践唯物主义、历史唯物主义、辩证唯物主义。我们从马克思主义发展史的角度从整体上来考察马克思的新唯物主义,也可以理解为马克思主义与实践唯物主义、历史唯物主义和辩证唯物主义的关系。

回顾马克思主义发展史,将马克思的新唯物主义定义为"辩证唯物主义"这一提法出现得最早,最初是由德国工人阶级的唯物主义哲学家狄慈根在19世纪70年代提出,后经由普列汉诺夫的发展,在俄国广泛传播开来。而"历史唯物主义"的提法最早可以追溯到恩格斯,以致后来第二国际的梅林、考茨基等理论家也是从历史唯物主义角度来定义马克思的新唯物主义。统和辩证唯物主义与历史唯物主义的是列宁,这一提法在20世纪初一经提出,很快就成为主导东方马克思主义阵营的标准理解范式,也就是现在我们称之为"教科书范式"的

---

① 夏凡:《具体的人本主义与抽象的实践概念之悖谬——评布洛赫对马克思〈关于费尔巴哈的提纲〉的解读》,载《哲学研究》2006年第2期。

"标准答案"。应该说，在这一标准范式下，"辩证唯物主义"被用于规范和定义马克思主义哲学的自然观、辩证法和认识论的本质内涵和特征，而"历史唯物主义"则被用来定义马克思主义哲学的历史观。这一教科书范式在整个马克思主义发展史上产生了重大影响，成为20世纪中叶整个社会主义阵营必须遵从的规范。针对这一僵化的"标准答案"，西方马克思主义的理论家们则纷纷从不同的角度来有意识地"反传统"，努力试图冲破这一传统的教科书范式。其中代表性的观点比如柯尔施就主张马克思的新唯物主义在本质上是历史唯物主义，马克思最大的贡献是发现了历史的现实的运动。又比如施密特也认为马克思的新唯物主义的本质是历史唯物主义，它以辩证的社会理论与经济理论实现了对传统唯物主义的超越。此外，法兰克福学派根据马克思的早期文本将马克思主义阐释为"人道主义的马克思主义"。随着"二战"后，现代主义、后现代主义思潮在西方的活跃，马克思主义也与存在主义、结构主义、后结构主义、精神分析、生态主义、女性主义、后殖民主义等思潮与流派嫁接在一起。可以说，随着苏联解体与东欧剧变，在世界范围内不再有将马克思的新唯物主义简单地"大一统"现象了,出现了在马克思主义发展史上的"百家争鸣"。

反观国内学术界,20世纪80年代以前一直是以苏联教科书范式为正统。随着改革开放,沉寂已久的学术界也终于开始活跃起来。与西方马克思主义简单的反传统不同,摆在国内学者面前的是教科书范式与西方马克思主义范式两条路径,学科背景不同、理论旨趣不同的国内研究者开始踏上了不同的研究路径,开始有意识地对苏联的教科书范式与西方马克思主义范式或认同或质疑,甚至试着提出新的解读范式。

其中,有部分学者仍然坚持以历史唯物主义来定义马克思的新唯物主义。比如周敦耀指出,《提纲》首先是一个历史唯物主义的起源文件,其核心就是唯物史观出发点——社会的人或人类社会。《提纲》是制定唯物史观的天才萌芽,标志着青年马克思思想发展的一个新质阶段。它在马克思思想发展过程中,是一块结束旧质开创新质的界碑。[①] 冯景

---

① 周敦耀:《发现唯物史观出发点的天才提纲》,载《广西大学学报》1985年第1期。

源认为，通过《提纲》可以看出马克思对主体理论的重视。虽然主体理论或主客体理论是非常重要的，但它不是马克思探寻的主要目的，它只是手段，真正的目的是唯物史观。在这个意义上，如果在主体能动性意义上理解的实践唯物主义，它的性质也属于历史唯物主义。马克思要建立的，或马克思发现的，不能归结为实践唯物主义，而是历史唯物主义。[1] 刘福森认为，历史唯物主义就是马克思的新世界观、新唯物主义，因而新唯物主义的含义和以往唯物主义的含义是不同的。[2] 王金福也还是主张，历史唯物主义是包括物质本体论、自然观、认识论、历史观在内的整个马克思主义哲学。并且，物质本体论也可以不是直观的唯物主义，而是实践唯物主义或历史唯物主义。[3] 这些观点从不同角度都论证了历史唯物主义在马克思的新哲学中的主体地位。

---

[1] 冯景源:《试析〈关于费尔巴哈的提纲〉的主体理论》，载《南京社会科学》1990年第3期。
[2] 刘福森、胡金凤:《马克思的新哲学观和新世界观》，载《学习与探索》1998年第1期。
[3] 王金福:《"广义历史唯物主义"、"狭义历史唯物主义"概念的规定及其与马克思主义哲学的关系——论马克思主义哲学的实质，兼与张一兵同志商榷》，载《南京社会科学》2000年第6期。

与以上观点不同,有些研究成果以辩证唯物主义或实践唯物主义来定义马克思的新唯物主义。比如习近平在《略论〈关于费尔巴哈的提纲〉的时代意义》一文中指出,《提纲》是一篇对辩证唯物主义主要原理进行高度概括的经典性文章,标志着马克思主义的辩证唯物主义由此而初步创立。[①] 文章依然沿用了传统教科书的范式,以辩证唯物主义界定了马克思的新唯物主义。还有些学者则将实践唯物主义置于首要位置。比如袁方认为,实践唯物主义与历史唯物主义并不互相矛盾,二者体现出内在的包容关系,马克思的历史唯物主义应包含在实践唯物主义之中,因为历史唯物主义认为社会基本矛盾运动是整个社会的性质及其发展的动力,生产力是最后的和最终的决定力量。而在实践唯物主义看来,生产力是人们认识世界和改造世界的能力,其标志是生产工具,生产工具作为人对自然界的认识的结晶,是来源于实践并在实践中不断发展的。因而可以说是人的实践活动决定了生产力,进而决定了生产关系和整个社会的发展。所以,实践唯物主

---

① 习近平:《略论〈关于费尔巴哈的提纲〉的时代意义》,载《中共福建省委党校学报》2001年第9期。

义为人类社会的发展提供科学的依据，而历史唯物主义则是实践唯物主义在社会历史问题上的运用与展开。[1] 又比如吴苑华则认为，马克思的新唯物主义既可以理解为辩证唯物主义，也可以理解为历史唯物主义，但只可归结为"实践唯物主义"。因为在马克思的新唯物主义世界观中，首先，实践比历史来得基础、根本而又全局化；其次，实践之所以比辩证法来得基础、根本而又全局化，就在于马克思所说的实践是主客体相互作用的否定性和创造性过程；再次，马克思通过实践将历史和辩证法融于一身，因而他的新唯物主义首先是实践的唯物主义，其次是历史唯物主义和辩证唯物主义。[2] 可见这篇文章虽然在逻辑上试图统一辩证唯物主义、历史唯物主义和实践唯物主义，但其实践本体论的主张却占据上风，其倾向性十分明显。

此外，还有一些研究打破了将马克思新唯物主义单一定位的束缚，将实践唯物主义、历史唯物

---

[1] 袁方：《对〈关于费尔巴哈的提纲〉若干新思考》，载《理论月刊》2006年第2期。
[2] 吴苑华：《由辩证唯物主义、历史唯物主义走向实践唯物主义——重新理解马克思的"新唯物主义"之本质内涵和真精神》，载《理论探讨》2015年第6期。

主义与辩证唯物主义三者统一起来考察,赋予了马克思新唯物主义新的身份。比如学者林锋认为,马克思创立的新哲学,绝不是对人类以往的唯心主义、旧唯物主义哲学遗产的简单否定或抛弃,而是在有机综合二者合理因素的基础上创造新的哲学形态。综合创新、创立新唯物主义,就是马克思哲学革命、哲学变革的真正实质。辩证性、实践性、统一性,是马克思新唯物主义的三大本质特征或三个基本规定性。[1] 与此观点相似,孙熙国认为,由马克思和恩格斯创立的"新唯物主义","是辩证的唯物主义,也是历史的唯物主义,还是实践的唯物主义","'辩证的''历史的''实践的',是我们把握马克思主义哲学的三个关键词","这三者是统一的,而不是矛盾的","从这三者出发,马克思和恩格斯才科学解答了'历史之谜'"。[2] 另外,学者王学荣也认为,实际上,"辩证唯物主义""历史唯物主义"和"实践唯物主义"都是马克思的"新唯物

---

[1] 林锋:《综合创新和新唯物主义的创立——对马克思哲学革命实质的一种新解读》,载《中共中央党校学报》2006年第6期。
[2] 孙熙国:《中国传统哲学与马克思主义世界观》,载赵敦华、孙熙国主编:《中西哲学的当代研究与马克思主义哲学创新》,人民出版社2011年版,第40页。

主义"。它们并不是相互独立的三块,而恰恰是同一事物(即新唯物主义)的三个不同方面,离开其中的任何一个方面,都不是完整意义上的"新唯物主义"。三者是相互依存、相互支撑、相互渗透、互涵互动的,你中有我,我中有你,谁也离不开谁。[1]又比如杨志臣认为,新唯物主义作为马克思哲学革命的标志,其精神实质和历史使命可以表述为"改变世界",具体概括为三个基本维度,即实践唯物主义、辩证唯物主义和历史唯物主义。新唯物主义的基本形态呈现为由精神实质和三个基本维度有机融合而成的有机整体,其基本内容包括:"改变世界"是实践唯物主义、辩证唯物主义和历史唯物主义的共同基石与历史使命;实践唯物主义是融合辩证唯物主义和历史唯物主义为一体的唯物主义;辩证唯物主义是融合实践唯物主义和历史唯物主义为一体的唯物主义;历史唯物主义是融合实践唯物主义和辩证唯物主义为一体的唯物主义。[2]

---

[1] 王学荣:《也谈马克思恩格斯新唯物主义的"命名"问题——兼与张莉、孙熙国商榷》,载《长白学刊》2014年第3期。
[2] 杨志臣:《马克思新唯物主义的精神实质、具体展现及其基本形态》,载《武汉科技大学学报》(社会科学版)2016年第3期。

再比如白刚认为，从马克思的新世界观来看，《提纲》的新唯物主义"新"在它既是"唯物"的，也是"历史"的，还是"哲学"的。新唯物主义之所以是"唯物"的，在于其所唯之"物"不是与人无关的"自在之物"，而是"为我之物"；新唯物主义之所以是"历史"的，在于其"历史"不仅是新唯物主义的"研究对象"，更是新唯物主义的"解释原则"；新唯物主义之所以是"哲学"的，在于新唯物主义既不是"抽象思辨"，也不是"经验实证"，而是"实践批判"。所以，新唯物主义既是历史唯物主义，也是实践唯物主义，还是批判的和革命的辩证法。①

对比以上诸种观点，笔者比较认同后一种观点，即实践唯物主义、历史唯物主义与辩证唯物主义都是马克思的新唯物主义，只不过这三种名称侧重点有所不同，并不存在本质上的差别。简单地将马克思的新唯物主义"定于一尊"显然是不合适的。

综合来看，马克思通过短短的十一条提纲，就勾勒出了一幅新唯物主义的宏大图景，而这幅图景

---

① 白刚：《马克思的新唯物主义"新"在哪里？》，《南京大学学报》（哲学·人文科学·社会科学）2016年第1期。

的真正展开则是在之后的《形态》中完成的。《提纲》作为马克思新唯物主义正式登场的前哨站,描摹了未来新哲学的大致轮廓。也正是因为其模糊性与思考性,给学术界留下了巨大的理论空间。所以,我们对《提纲》的研究还有待进一步深入,尤其是将其置于马克思主义发展史的历史语境之下,进行更深入的挖掘与思考。

## 参考文献

1.《马克思恩格斯文集》第1卷,人民出版社2009年版。

2.《马克思恩格斯文集》第4卷,人民出版社2009年版。

3.［匈］卢卡奇:《历史与阶级意识——关于马克思主义辩证法的研究》,杜章智等译,商务印书馆1999年版。

4.［法］阿尔都塞:《保卫马克思》,顾良译,商务印书馆2010年版。

5.［德］施密特:《马克思的自然概念》,吴仲昉译,商务印书馆1988年版。

6.［南斯拉夫］弗兰尼茨基:《马克思主义史》第1卷,李嘉恩等译,人民出版社1986年版。

7.［美］悉尼·胡克:《对卡尔·马克思的理解》,徐崇温译,重庆出版社1989年版。

8.［日］岩佐茂、小林一穗、渡边宪政编:《〈德意志意识形态〉的世界》,梁海峰等译,北京师范大学出版社2004年版

9.［日］望月清司:《马克思历史理论的研究》,韩立新译,北京师范大学出版社2009年版。

10. 黄楠森等主编:《马克思主义哲学史》第1卷,北京出版社1991年版。

11. 庄福龄主编:《简明马克思主义史》,人民出版社2004年版。

12. 顾海良主编:《马克思主义发展史》,中国人民大学出版社2009年版。

13. 孙伯鍨、侯惠勤:《马克思主义哲学的历史和现状》,南京大学出版社2004年版。

14. 聂锦芳:《清理与超越——重读马克思文本的意旨、基础与方法》,北京大学出版社2005年版。

15. 韩立新主编:《当代学者视野中的马克思主义哲学·日本学者卷》,北京师范大学出版社2014年版。

16. 赵敦华、孙熙国主编:《中西哲学的当代研究与马克思主义哲学创新》,人民出版社2011年版。

17. 陈先达、靳辉明:《马克思早期思想研究》,中国人民大学出版社2016年版。

18. 陈长畅:《略论马克思主义实践观的创立与发展》,载《中山大学学报》1979年第2期。

19. 胡耐生:《马克思〈关于费尔巴哈的提纲〉中的实践观点》,载《岳阳师专学报》1980年第1期。

20. 赵常林:《〈关于费尔巴哈的提纲〉中"实践"概念的内涵》,载《学习与研究》1981年第4期。

21. 康祥生:《马克思主义实践观的历史发展——从〈关于费尔巴哈的提纲〉到〈实践论〉》,载《江西社会科学》1983年第2期。

22. 陶胜先:《〈关于费尔巴哈的提纲〉中"实践"概念内涵

的初探》,载《安徽大学学报》(哲学社会科学版)1983年第4期。

23. 黄森:《重温〈关于费尔巴哈的提纲〉的一点思考》,载《哲学研究》1984年第7期。

24. 黄楠森:《人性的抽象不等于抽象的人性》,载《河北学刊》1985年第1期。

25. 周敦耀:《发现唯物史观出发点的天才提纲》,载《广西大学学报》1985年第1期。

26. 高清海:《论实践观点作为思维方式的意义——哲学探进断想之二》,载《社会科学战线》1988年第1期。

27. 高清海:《哲学思维方式的历史性转变——论马克思哲学变革的实质》,载《开放时代》1995年第6期。

28. 高清海、孙利天:《马克思的哲学观变革及其当代意义》,载《天津社会科学》2001年第5期。

29. 冯景源:《试析〈关于费尔巴哈的提纲〉的主体理论》,载《南京社会科学》1990年第3期。

30. 冯景源:《试析〈关于费尔巴哈的提纲〉中的实践范畴及其意义》,载《求索》1991年第2期。

31. 陆世强:《评"西方马克思主义"对马克思实践观的"现代阐释"》,载《广西大学学报》(哲学社会科学版)1992年第1期。

32. 安启念:《坚持马克思主义对人的本质的科学规定》,载《教学与研究》1992年第2期。

33. 安启念:《〈关于费尔巴哈的提纲〉与马克思对费尔巴哈的超越》,载《北京行政学院学报》2010年第3期。

34. 安启念:《〈关于费尔巴哈的提纲〉第一条思想再探索——兼评我国实践唯物主义思潮的实践观》,载《高校理论战线》2011年第6期。

35. 安启念:《再读〈关于费尔巴哈的提纲〉前三条——论马克思的核心哲学思想及其方法论价值》,载《马克思主义与现实》2015年第3期。

36. 安启念:《阿尔都塞马克思哲学思想"认识论断裂说"批判》,载《北京大学学报》(哲学社会科学版)2016年第1期。

37. 丁立群:《"人的本质是社会关系的总和":一个被误解的命题》,载《马克思主义与现实》1993年第1期。

38. 孙伯鍨:《马克思的实践概念——纪念〈关于费尔巴哈的提纲〉写作150周年》,载《哲学研究》1995年第12期。

39. 朱宝信:《实践的主体性原则及其客体性基础——马克思〈关于费尔巴哈的提纲〉研究》,载《山东社会科学》1996年第2期。

40. 徐崇温:《阿尔都塞的反经验主义认识论和马克思主义》,载《中国社会科学》1997年第3期。

41. 刘福森、胡金凤:《马克思的新哲学观和新世界观》,载《学习与探索》1998年第1期。

42. 刘福森：《新世界观的"纲领"还是"萌芽"？——对马克思〈关于费尔巴哈的提纲〉的重新解读》，载《西南大学学报》（社会科学版）2016年第3期。

43. 张一兵：《实践：在何种意义上成为马克思科学方法论的基石——经济学视域中的〈关于费尔巴哈的提纲〉》，载《学习与探索》1998年第6期。

44. 李晓东：《全面理解马克思的实践观——兼与王金福先生商榷》，载《唯实》1998年第8期。

45. 张传华：《哲学思维方式的根本变革——读马克思〈关于费尔巴哈的提纲〉》，载《山东社会科学》1999年第4期。

46. 王金福：《"广义历史唯物主义"、"狭义历史唯物主义"概念的规定及其与马克思主义哲学的关系——论马克思主义哲学的实质，兼与张一兵同志商榷》，载《南京社会科学》2000年第6期。

47. 夏建国：《马克思哲学是主体唯物主义——〈关于费尔巴哈的提纲〉的启示》，载《江汉论坛》2001年第9期。

48. 习近平：《略论〈关于费尔巴哈的提纲〉的时代意义》，载《中共福建省委党校学报》2001年第9期。

49. 何中华：《论马克思实践观的本体论向度——重读〈关于费尔巴哈的提纲〉》，载《河北学刊》2003年第4期。

50. 何中华：《实践唯物主义的奠基之作——再度〈关于费尔巴哈的提纲〉》，载《东岳论丛》2006年第3期。

51. 何中华:《人的存在的现象学之真理观——再读马克思〈关于费尔巴哈的提纲〉第二条》,载《烟台大学学报》(哲学社会科学版)2017年第5期。

52. 曾永成:《人的本质:从费尔巴哈到马克思——对〈关于费尔巴哈的提纲〉中一个重要观点的理解》,载《现代哲学》2004年第2期。

53. 张早林:《实践,何以成为马克思哲学新视界的基石——对马克思〈关于费尔巴哈的提纲〉中"实践"概念的经济学解读》,载《兰州学刊》2005年第1期。

54. 欧阳谦:《马克思主义的"守夜人"——阿尔都塞的理论解读》,载《教学与研究》2005年第1期。

55. 任平:《马克思哲学革命出场的现代性路径——〈关于费尔巴哈的提纲〉诞生160周年后的新解读》,载《江海学刊》2005年第3期。

56. 边立新:《马克思的实践哲学对传统本体论的超越》,载《学习论坛》2005年第9期。

57. 聂锦芳:《思想的传承、决裂与重构(下)——〈德意志意识形态〉创作前史研究》,载《河北学刊》2006年第5期。

58. 孙熙国:《唯物史观的创立与人的本质的发现——从〈关于费尔巴哈的提纲〉一处误译谈起》,载《哲学研究》2005年第11期。

59. 孙熙国:《马克思主义哲学与传统哲学的对话》,载《北京大学学报》(哲学社会科学版)2007年第6期。

60. 夏凡:《具体的人本主义与抽象的实践概念之悖谬——评布洛赫对马克思〈关于费尔巴哈的提纲〉的解读》,载《哲学研究》2006年第2期。

61. 袁方:《对〈关于费尔巴哈的提纲〉若干新思考》,载《理论月刊》2006年第2期。

62. 刘怀玉:《马克思哲学革命关键环节的历史原象——从〈未来哲学原理〉到〈关于费尔巴哈的提纲〉》,载《河北学刊》2006年第6期。

63. 林锋:《综合创新和新唯物主义的创立——对马克思哲学革命实质的一种新解读》,载《中共中央党校学报》2006年第6期。

64. 汤建龙:《〈关于费尔巴哈的提纲〉中"实践"的真实含义》,载《唯实》2007年第2期。

65. 王东、郭丽兰:《〈关于费尔巴哈的提纲〉新解读——马克思原始稿与恩格斯修订稿的比较研究》,载《武汉大学学报》(人文科学版)2007年第6期。

66. 陈剑涛:《论〈关于费尔巴哈的提纲〉的哲学革命与当代价值》,载《江西社会科学》2008年第2期。

67. 姚顺良、夏凡:《〈关于费尔巴哈的提纲〉写作时间的判定及其思想史定位——兼论文献考证与马克思主义思想史研究的关系》,载《马克思主义研究》2008年第8期。

68. 王虎学：《"社会"的实践之根——论〈关于费尔巴哈的提纲〉中的"社会"概念》，载《中南民族大学学报》（人文社会科学版）2009年第3期。

69. 张守奎：《理解与阐释的迷误——对流行的〈关于费尔巴哈提纲〉几个问题解释的质疑》，载《武汉科技大学学报》（社会科学版）2009年第5期。

70. 鲁克俭：《〈关于费尔巴哈的提纲〉与历史目的论》，载《河北学刊》2009年第6期。

71. 鲁克俭：《超越传统主客二分——对马克思实践概念的一种解读》，载《中国社会科学》2015年第3期。

72. 鲁克俭：《基于MEGA2的〈关于费尔巴哈的提纲〉文本研究：一个路线图》，载《创新》2016年第1期。

73. 李嘉毅：《试析〈关于费尔巴哈的提纲〉主题思想进展的螺旋式结构》，载《东岳论丛》2009年第12期。

74. 刘召峰：《"改变世界"：特定的问题语境及其内涵的拓展与深化——对〈关于费尔巴哈的提纲〉第十一条的解读》，载《河北学刊》2010年第1期。

75. 田心铭：《"历史唯物主义的起源"——马克思〈关于费尔巴哈的提纲〉研读》，载《思想理论教育导刊》2010年第2期。

76. 金寿铁：《"改变世界"的新哲学及其文化遗产——布洛赫对〈关于费尔巴哈的提纲〉命题11的解读》，载《中国社会科学》2010年第3期。

77. 文大稷、秦在东:《实践的观点是马克思主义哲学的理论基石——再读马克思〈关于费尔巴哈的提纲〉》,载《社会主义研究》2010年第3期。

78. 单提平:《"改变世界"的两个隐含维度——〈关于费尔巴哈的提纲〉第十一条的理解》,载《社会科学研究》2010年第4期。

79. 单提平:《从"立脚点"重思新唯物主义"新"在何处——〈关于费尔巴哈的提纲〉第10条的考辨》载《山东社会科学》2013年第7期。

80. 单提平:《历史的自然与自然的历史——从〈关于费尔巴哈的提纲〉第1条看唯物史观的生态视角》,载《山东社会科学》2015年第4期。

81. 李锐:《〈关于费尔巴哈的提纲〉与〈神圣家族〉的关系再探析》,载《世纪桥》2010年第3期。

82. 李锐:《试论恩格斯对〈关于费尔巴哈的提纲〉的修改》,载《经济研究导刊》2010年第4期。

83. 卞绍斌:《从"市民社会"到"人类社会"——〈关于费尔巴哈的提纲〉第10条解读》,载《苏州大学学报》(哲学社会科学版)2011年第2期。

84. 赵家祥:《马克思〈关于费尔巴哈的提纲〉导读》,载《贵州师范大学学报》(社会科学版)2011年第6期。

85. 赵家祥:《如何理解〈关于费尔巴哈的提纲〉第十一条》,

载《高校理论战线》2012年4月。

86. 潘中伟:《马克思思维真理性命题的形上内涵——〈关于费尔巴哈的提纲〉第二条再思考》,载《郑州大学学报》(哲学社会科学版)2012年第1期。

87. 曾凡跃:《〈关于费尔巴哈的提纲〉与〈德意志意识形态〉改变世界思想之比较研究》,载《求实》2012年第8期。

88. 李建平:《〈关于费尔巴哈的提纲〉第二条别解》,载《东南学术》2013年第6期。

89. 周峰:《坚硬的"断裂"——阿尔都塞的马克思主义观》,载《学术研究》2013年第8期。

90. 王学荣:《也谈马克思恩格斯新唯物主义的"命名"问题——兼与张莉、孙熙国商榷》,载《长白学刊》2014年第3期。

91. 程广丽:《实践、社会关系与革命:〈关于费尔巴哈的提纲〉的思想解读》,载《河海大学学报》(哲学社会科学版)2014年第3期。

92. 张明:《从哲学思辨到现实矛盾:马克思实践概念革命性维度的再思考——历史唯物主义范式下的〈关于费尔巴哈的提纲〉解读》,载《河北师范大学学报》(哲学社会科学版)2014年第3期。

93. 赵敦华:《走向马克思的德国唯心论的"四乐章"——读〈关于费尔巴哈的提纲〉》,载《北京大学学报》(哲学社会科学版)2015年第3期。

94. 齐效玫:《马克思〈关于费尔巴哈的提纲〉中的"总和"概念辨析》,载《南京政治学院学报》2015年第3期。

95. 邹诗鹏:《"实践唯物主义"与唯物史观的相通性——基于〈关于费尔巴哈的提纲〉与〈德意志意识形态〉的探讨》,载《马克思主义与现实》2015年第4期。

96. 姜涌:《马克思劳动主体性的正义坐标——〈关于费尔巴哈的提纲〉第1条新解读》,载《山东社会科学》2015年第4期。

97. 吴苑华:《由辩证唯物主义、历史唯物主义走向实践唯物主义——重新理解马克思的"新唯物主义"之本质内涵和真精神》,载《理论探讨》2015年第6期。

98. 周嘉昕:《〈关于费尔巴哈的提纲〉:历史、理论和文本》,载《山东社会科学》2015年第7期。

99. 白刚:《马克思的新唯物主义"新"在哪里?》,载《南京大学学报》(哲学·人文科学·社会科学)2016年第1期。

100. 刘福森:《新世界观的"纲领"还是"萌芽"?——对马克思〈关于费尔巴哈的提纲〉的重新解读》,载《西南大学学报》(社会科学版)2016年第3期。

101. 杨志臣:《马克思新唯物主义的精神实质、具体展现及其基本形态》,载《武汉科技大学学报》(社会科学版)2016年第3期。

102. 王巍:《马克思—恩格斯关系的文本学审视——以〈关于费尔巴哈的提纲〉原始稿与修改稿的比较为例》,载《贵州师范大学学报》(社会科学版)2016年第3期。

103. 李龙强、李桂丽:《〈关于费尔巴哈的提纲〉中的自然观及其当代启示》,载《山东社会科学》2017年第2期。

104. 周世兴:《论马克思"新唯物主义"的三重意蕴》,载《西北师范大学学报》(社会科学版)2017年第3期。

105. 童建安:《论马克思哲学真理观的三个特征——读〈关于费尔巴哈的提纲〉第2条》,载《烟台大学学报》(哲学社会科学版)2017年第5期。

106. 梁爽:《对〈关于费尔巴哈的提纲〉写作时间的再探讨——根据马克思原始手稿和MEGA2的重新考证》,载《甘肃社会科学》2017年第6期。

107. 张晓华:《论马克思的真理现实性思想——以〈关于费尔巴哈的提纲〉第二条为依据》,载《烟台大学学报》(哲学社会科学版)2017年第6期。

108. 鲁品越:《马克思主义哲学原生态基本纲领——〈关于费尔巴哈的提纲〉系统化新解》,载《河北学刊》2018年第1期。

109. 苗启明:《从人类学哲学视域对马克思〈关于费尔巴哈的提纲〉的新理解》,载《思想战线》2018年第6期。

110. 王洪波:《马克思实践辩证法的"主体革命性"意蕴——

以〈关于费尔巴哈的提纲〉的三条文本为研究中心 》,载《江汉论坛》2018年第6期。

111. 文学平:《马克思对怀疑论的诊断——如何理解马克思〈关于费尔巴哈的提纲〉第二条》,载《厦门大学学报》(哲学社会科学版)2018年第6期。